«*Tarde de chicas* es un cuaderno de ejercicios de *mindfulness* lleno de encanto y con mucho corazón, pensado para madres e hijas. Servirá para plantar semillas de conciencia y de compasión, y será una invitación para todas las chicas a ser curiosas y a conectar consigo mismas. La conexión —con nosotros mismos y con los demás— es una ventana abierta a ver de verdad, escuchar de verdad, sentir de verdad y tocar el corazón del otro. Ojalá este libro ayude a muchas madres e hijas.»

Eline Snel, autora de *Tranquilos y atentos como una rana*

«*Tarde de chicas* constituye un recurso excelente dirigido a las mamás que quieren permanecer conectadas a sus hijas y a la vez empoderarlas para que conecten con ellas mismas. Las actividades creativas, divertidas y paso a paso que propone la doctora Snitbhan ofrecen experiencias que ayudan a las niñas a desarrollar una fuerte identidad fundamental que necesitan antes de iniciar su transición hacia la adolescencia.»

Dra. Maria Clark Fleshood, autora de *From Tweens to Teens*

«Un tesoro en forma de actividades que inspirarán, educarán y conectarán a madres e hijas traspasando la frontera generacional, y que ayudará a construir felicidad y conciencia emocional para todos.»

Dr. Christopher Willard, autor de *Child's Mind*
y *Growing Up Mindful*

Tarde de chicas

Un cuaderno de ejercicios
compartido por madres e hijas
para conectar, aprender y amar.

Tarde de chicas

Nuanprang Snitbhan,
Dra. en Psicología

Ilustraciones de Lora Zorian

URANO

Argentina – Chile – Colombia – España
Estados Unidos – México – Perú – Uruguay – Venezuela

Título original: *Girl Time*
A Mother-Daughter Activity Book for Sharing, Bonding, and Really Talking
Editor Original: Shambala Publications, Inc., Boulder, Colorado
Traducción: Rocío Carmona Fernández

1.ª edición Junio 2017

Copyright © 2016 *by* Nuanprang Snitbhan, PsyD
Ilustraciones Copyright © 2016 *by* Lora Zorian
All Rights Reserved
© 2017 de la traducción *by* Rocío Carmona Fernández
© 2017 by Ediciones Urano, S.A.U.
Aribau, 142, pral. – 08036 Barcelona
www.mundourano.com
www.edicionesurano.com

ISBN: 978-84-7953-987-0
E-ISBN: 978-84-16990-41-2
Depósito legal: B-14.688-2017

Fotocomposición: Ediciones Urano, S.A.U.

Impreso por: LIBERDUPLEX
Ctra. BV 2249 Km 7,4 – Polígono Industrial Torrentfondo
08791 Sant Llorenç d'Hortons (Barcelona)

Impreso en España – *Printed in Spain*

Índice

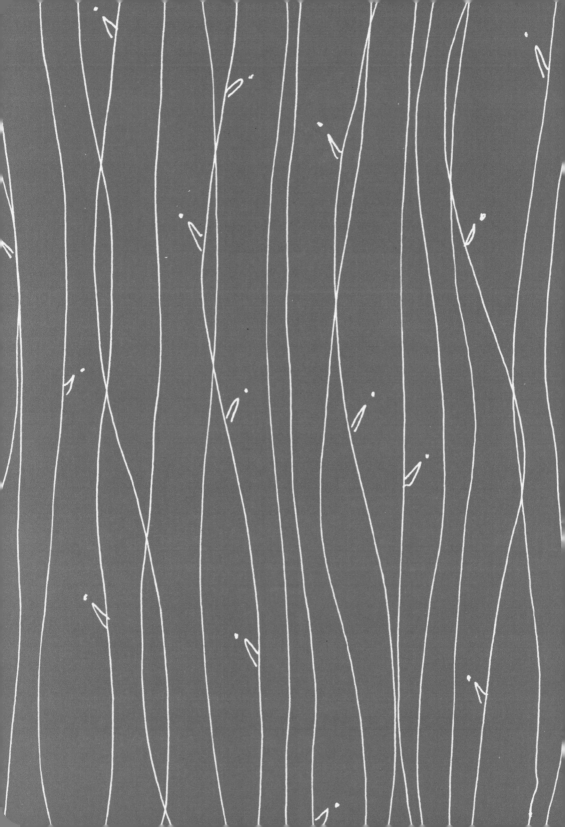

Una nota para las hijas y sus madres

Los niños sienten y piensan igual que los adultos. Sin embargo, la gran diferencia entre niños y adultos es que, a menudo, a los niños les cuesta más decir lo que piensan o expresar cómo se sienten. Esto puede ser frustrante y confuso para algunos chicos. Pero lo cierto es que, en este tema, ¡tu madre tiene más práctica que tú! Confía en mí: es totalmente normal estar sensible o que algo te importe mucho. Hay muchísimas ventajas en el hecho de sentirse así, y a medida que avances en este libro descubrirás cuáles son.

He ideado este cuaderno de ejercicios para que tu madre y tú lo hagáis juntas, como una actividad compartida. Haced turnos para completar los ejercicios de cada capítulo y a continuación, ¡compartid lo que hayáis escrito! Mi objetivo también es que aprendas algunas habilidades cruciales en la vida que pueden ser difíciles de enseñar y de las cuales tampoco resulta fácil hablar. No eres la única que piensa que hay un montón de temas de los que los padres y los hijos evitan conversar, temas que nos hacen sentir extraños, torpes e incómodos, como los enfados, la ansiedad o el estrés. Muchos padres no saben cómo iniciar una conversación sobre temas así, y en cierto modo esperan que sus hijas aprendan sobre ellos en la escuela. Al mismo tiempo, muchas chicas tienen miedo de preguntar o de compartir sus pensamientos y sus sentimientos acerca de estos temas, porque no quieren que sus padres se preocupen por ellas o que se pongan pesados controlándolas. La buena noticia es que, utilizando este libro, será más fácil para ti y para tu madre conectar y hablar de temas difíciles. Te recomiendo que hagas una actividad por semana para que así tengas tiempo suficiente de practicar tus nuevas habilidades. En el libro encontrarás preguntas que os ayudarán a compartir de forma segura vuestros sentimientos y vuestros pensamientos. Las actividades de este cuaderno de ejercicios te ayudarán a aprender a cuidar de tu cuerpo y de tu mente, a aumentar tu sensación de control y a ver las cosas con otra perspectiva. También aprenderás habilidades que puedes usar para ser más consciente, más feliz, sentirte más saludable y tener relaciones de más calidad con la gente que te rodea.

Espero que os divirtáis y disfrutéis del tiempo que paséis juntas realizando estas actividades y ejercicios. No olvidéis prestar atención a los consejos que he añadido en los apartados «Más ideas de *mindfulness*», así como a los distintos ejercicios de respiración que propongo en los apartados «Tomaos un respiro» que aparecen al final de cada actividad. Encontraréis todavía más ideas creativas que os ayudarán a permanecer conectadas y centradas en el apartado «Más herramientas» que aparece al final de este cuaderno de actividades.

¡Preparaos para la diversión!

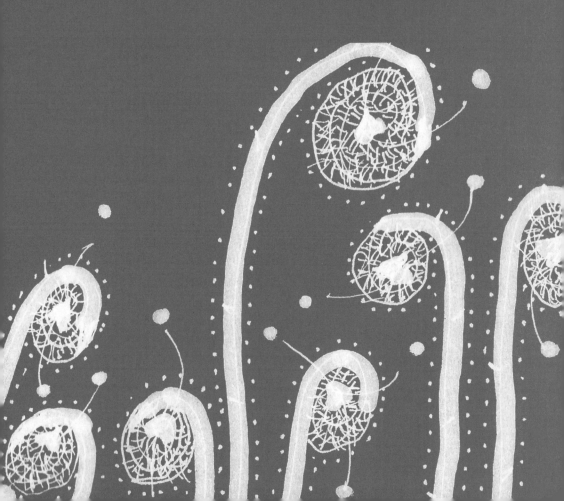

Tarde de chicas

Vamos a practicar mindfulness

El *mindfulness* consiste en ir más despacio y poner la atención en la respiración o en lo que nos rodea, instante a instante, sin pensar en el futuro o en el pasado. La gente lo practica desde hace miles de años, y se ha demostrado que es beneficioso tanto para los niños como para los adultos. Quizá de entrada te suene aburrido, confuso o difícil, pero si lo intentas, con un poco de suerte descubrirás que no es nada de eso. Cuando domines el *mindfulness* puede que seas más feliz, a la gente le gustará incluso más estar contigo y, además, serás capaz de enfrentarte mejor a los retos que la vida te vaya poniendo delante. ¿Alguna vez has oído la expresión «Si la vida te da limones, haz limonada»? Con la práctica del *mindfulness* ¡te convertirás en la mejor artesana de limonada del mundo!

La práctica del *mindfulness* funciona de la siguiente manera: imagina que vas caminando por un campo de hierba alta. La primera vez que caminas por ese campo es difícil. Tienes que abrirte paso a través de la hierba y eso puede ser duro. Pero al día siguiente, cuando camines por ella, podrás ver tus huellas, y de ese modo te será más fácil guiarte. Transcurridas varias semanas, y luego meses, la hierba se habrá convertido en un camino despejado, y resultará muy fácil y agradable caminar por él. Lo mismo pasa con el *mindfulness*: ¡se vuelve más fácil cada vez que lo practicas!

ACERCA DE ESTE EJERCICIO

La primera actividad se centra en cómo vivir en el momento presente y aumentar tu conciencia sobre tu entorno y lo que sucede a tu alrededor. No te preocupes: ¡es divertido! Este ejercicio en particular te pedirá que vayas a la cocina y te invitará a fijarte en cosas de la casa sobre las que nunca habías pensado demasiado. A lo largo del libro encontrarás actividades variadas que te ayudarán a dar un paso atrás y a volverte más consciente, no solo de lo que te rodea sino también de tus pensamientos, sentimientos, comportamientos y tus hábitos. Al final de cada ejercicio encontrarás un apartado llamado «Tiempo de conversar», donde tu madre y tú tendréis la oportunidad de compartir la una con la otra vuestro trabajo, vuestras ideas y vuestros sentimientos. Al final de todo, un ejercicio de respiración abdominal de cinco minutos para madre e hija os ayudará a terminar cada actividad con una mente más calmada.

MÁS IDEAS DE MINDFULNESS

Puedes practicar estar en el momento presente tomándote un descanso de dos minutos de lo que estés haciendo y centrándote en lo que sucede a tu alrededor. Escoge uno de los cinco sentidos —vista, oído, olfato, tacto y gusto— y préstale atención. Dedica cinco minutos a escuchar, simplemente, todos los sonidos que hay a tu alrededor. Cuando tu mente empiece a dispersarse, simplemente vuelve a centrarte de nuevo.

Hija: Conviértete en una exploradora

Tómate cinco minutos para mirar por la cocina y apunta en el espacio de debajo todos los objetos redondos que puedas encontrar.

Tómate otros cinco minutos para buscar distintos olores por tu casa y descríbelos aquí.

Una vez que hayas acabado, busca un lugar cómodo donde sentarte junto a tu madre y responde a las preguntas del apartado «Tiempo de conversar» de la página 5.

Mamá: Conviértete en una exploradora

Tómate cinco minutos para mirar por la cocina y apunta en el espacio de debajo todos los objetos redondos que puedas encontrar.

Tómate otros cinco minutos para buscar distintos olores por tu casa y descríbelos aquí.

Una vez que hayas acabado, busca un lugar cómodo donde sentarte junto a tu hija y responde a las preguntas del apartado «Tiempo de conversar» de la página siguiente.

Tiempo de conversar

¿Cuántos objetos redondos encontrasteis en la cocina? _____

Compartid vuestros olores favoritos la una con la otra y dibujad algunos en el espacio de debajo.

¿Qué habéis aprendido de este ejercicio?

Tomaos un respiro

¿Qué significa tomarse un respiro? Pues quiere decir, simplemente, descansar o hacer una pausa. A menudo nos apresuramos y saltamos de una tarea a la otra, pero es muy importante tomarse pequeñas pausas y dejar que las cosas se aposenten después de lograr un objetivo. Hacer una pausa también es un modo estupendo de recargar el cuerpo y la mente antes de pasar a la siguiente tarea.

Así que vosotras, hija y madre, podéis dar un cierre a cada ejercicio tomándoos una pequeña pausa de cinco minutos para realizar una respiración abdominal. Podéis usar un temporizador, aunque no es necesario. Buscad un lugar cómodo donde relajaros, quizá en el sofá o en alguna silla que os guste. Podéis cerrar los ojos o dejarlos abiertos, pero si los dejáis abiertos, es mejor que concentréis vuestra atención en un punto. O, simplemente, podéis dejar descansar vuestra mirada en la punta de la nariz. Inspirad profunda, lenta y cómodamente por la nariz y soltad el aire lentamente por la boca, como si estuvierais haciendo grandes pompas de jabón desde el vientre. Mientras inspiráis decíos a vosotras mismas en silencio: *Estoy inspirando.* Y cada vez que espiréis decid en vuestro interior: *Estoy espirando.*

Hablemos de sentimientos

La investigación ha demostrado que todos los seres humanos nacen con ocho emociones básicas: alegría, tristeza, ira, miedo, asco, sorpresa, aceptación y anticipación. Pero en español existen centenares de palabras para describir las emociones. ¡Esas son muchas palabras!

¿Sabías que los sentimientos no duran demasiado? Los sentimientos agradables, los neutros y los desagradables, van y vienen como olas en el océano. A menudo las personas intentan evitar los sentimientos desagradables porque alguien les dijo que son malos. En realidad, los sentimientos negativos no son malos, aunque nuestra reacción ante ellos nos conduce a un resultado que puede ser agradable o desagradable. Ser consciente de ello significa que cada vez que emerge un sentimiento fuerte, puedes elegir cómo actuar, y que eres responsable de tu elección.

ACERCA DE ESTE EJERCICIO

El ejercicio que sigue te pedirá, simplemente, que observes y nombres tus sentimientos. Es mucho más importante aceptarlos que intentar cambiarlos, evitarlos o distraerse de ellos. En esta actividad te pediremos que identifiques todos los sentimientos que puedas y que los sitúes en uno de estos tres grupos: positivos, neutros o negativos. Como tu cuerpo y tu mente están conectados, es importante que prestes atención a tus expresiones faciales y a su significado para que puedas entender cómo se sienten los demás cuando muestran expresiones parecidas. Fíjate especialmente en las cejas, en los ojos y en la boca. El *Cuadro de sentimientos* que hay al final de este ejercicio te ayudará a mejorar tu vocabulario al respecto. En el apartado «Tiempo de conversar» tu madre y tú tendréis la oportunidad de compartir lo que ambas habéis aprendido. A continuación, pasaréis cinco minutos juntas respirando profundamente desde el abdomen. ¡Diviértete, y deja volar tu imaginación!

MÁS IDEAS DE MINDFULNESS

Haz fotocopias del *Cuadro de sentimientos*, tantas como necesitéis, y cuélgalas por toda la casa: la puerta de la nevera, tu habitación o el espejo del baño pueden ser buenos lugares para empezar. El objetivo es ayudarte a darte cuenta y a observar tus sentimientos estés donde estés.

Hija: Pon nombre a tus sentimientos

Tómate tres minutos para escribir todos los sentimientos que se te ocurran.

Observa tu lista de sentimientos y decide a qué cuadro pertenece cada uno:

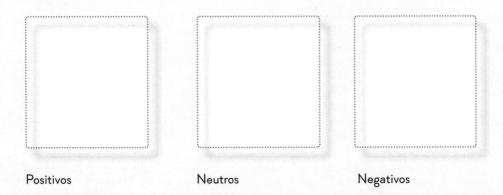

Positivos   Neutros   Negativos

Ahora piensa en cuatro animales y asocia un sentimiento diferente a cada uno de ellos.

Por ejemplo: cocodrilo – asustado

_____& _____

_____& _____

_____& _____

_____& _____

Nombra los tres sentimientos que experimentas más a menudo, dibuja luego una cara que exprese cada uno de ellos. Utiliza un espejo si quieres comprobar qué aspecto tienes cuando pones esa cara.

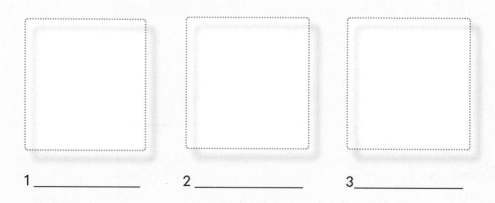

1_____   2_____   3_____

Comparte tu trabajo con tu madre y responded juntas a las preguntas del apartado «Tiempo de conversar».

Mamá: Pon nombre a tus sentimientos

Tómate tres minutos para escribir todos los sentimientos que se te ocurran.

Observa tu lista de sentimientos y decide a qué cuadro pertenece cada uno:

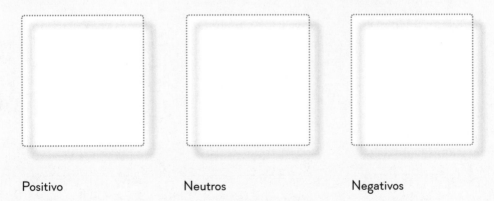

Positivo   Neutros   Negativos

Ahora piensa en cuatro animales y asocia un sentimiento diferente a cada uno de ellos.

Por ejemplo: cocodrilo – asustado

_____ & _____

_____ & _____

_____ & _____

_____ & _____

Nombra los tres sentimientos que experimentas más a menudo, dibuja luego una cara que exprese cada uno de ellos. Utiliza un espejo si quieres comprobar qué aspecto tienes cuando pones esa cara.

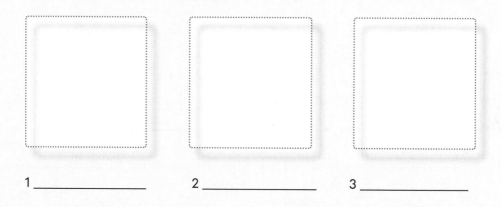

1 _____   2 _____   3 _____

Comparte tu trabajo con tu hija y responded juntas a las preguntas del apartado «Tiempo de conversar».

Cuadro de sentimientos

 FELIZ

 ENFADADA

 ABURRIDA

 SORPRENDIDA

 TRISTE

 FRUSTRADA

 PREOCUPADA

 ORGULLOSA

TÍMIDA

VALIENTE

DESESPERADA

 BROMISTA

 SOLA

 COHIBIDA

 CELOSA

 ESPERANZADA

ENTUSIASMADA

 APENADA

 AGOBIADA

 ANSIOSA

 AVERGONZADA

 CULPABLE

 INDIGNADA

 CONFUSA

Tiempo de conversar

Dibujad o anotad todos los sentimientos que se os ocurran.

¿Qué sentimientos tenéis en común tu madre y tú?

¿Cuál sería un buen lugar donde colgar el *Cuadro de sentimientos*?

Tomaos un respiro

Acabaremos este ejercicio con cinco minutos de respiración abdominal que podéis hacer las dos juntas. De nuevo, podéis usar un temporizador, aunque no es necesario. Busca un lugar cómodo que te permita relajarte. Puedes cerrar los ojos o dejarlos abiertos, pero si los dejas abiertos, es mejor que concentres tu atención en un punto. O, simplemente, puedes dejar descansar tu mirada en la punta de la nariz.

Inspira lenta y profundamente, llenando el vientre, no el pecho, con el aire que entra. Ahora déjalo salir despacio desde el vientre, contrayendo suavemente la barriga mientras espiras. Recuerda ahora la idea de que todos los sentimientos vienen y van. Mientras inspiras llevando el aire hacia el vientre acepta esta idea, y mientras espiras, permite a tu cuerpo y a tu mente que se relajen. Si esto no te funciona puedes imaginar también que una luz blanca y cálida se esparce por tu cuerpo para mantenerte caliente, segura y tranquila. Quédate quieta así, respirando de esta manera, durante cinco minutos. Cuando acabéis podéis sonreíros la una a la otra o ¡chocar esos cinco!

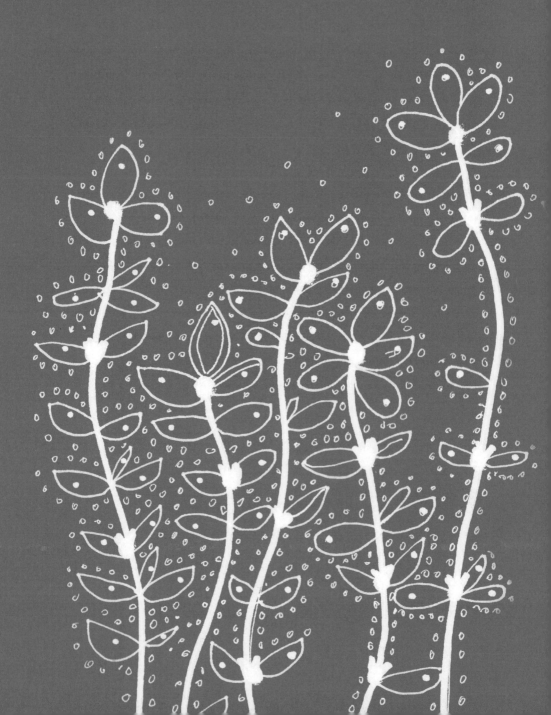

Observemos los sentimientos agradables

En general estamos de acuerdo en que la felicidad es el mejor de los sentimientos, y existen muchas maneras de sentirse feliz y agradecida en la vida. El día de tu cumpleaños puede hacerte sentir entusiasmada; conseguir una buena nota en un examen puede hacerte sentir orgullosa; recuperarte de un resfriado o de otra enfermedad puede hacerte sentir aliviada; enamorarte puede hacerte sentir embelesada; jugar con un perro puede hacerte sentir alegre; ser voluntaria para ayudar a quienes lo necesitan puede hacerte sentir apreciada; dar o recibir un abrazo puede hacerte sentir querida.

La fuente de la felicidad es diferente para cada persona, incluso aunque pertenezcan a la misma familia. ¿Por qué es importante para ti saber de dónde viene tu felicidad y qué te hace feliz? Porque cuando eres feliz sonríes más, hablas con amabilidad y actúas movida por una energía positiva, y todo eso te hace sentir de maravilla. También hace felices a los demás, que se sienten cómodos cerca de ti.

ACERCA DE ESTE EJERCICIO

Esta actividad os hará regresar a un momento feliz de vuestra vida. La primera parte os dará a ti y a tu madre una oportunidad para escribir o para hacer un dibujo sobre un recuerdo feliz. Quizá no queráis hablar la una con la otra hasta que hayáis terminado. Al acabar, intercambiad vuestros ejercicios. En la segunda parte, os pediremos que describáis vuestros pensamientos, sentimientos o reacciones después de haber visto el trabajo de la otra. Luego, en el apartado «Tiempo de conversar», tendréis la oportunidad de recordar otros buenos momentos que hayáis vivido juntas. También aprenderéis a compartir vuestra felicidad con el mundo que os rodea planteándoos una intención (objetivo) con la respiración en el apartado «Tomaos un respiro».

MÁS IDEAS DE MINDFULNESS

Date la oportunidad de mirarte mientras estás siendo feliz. Quizá quieras añadir a tu lista más recuerdos felices de tu cosecha. Es importante que empieces a darte cuenta de aquello que te llena el corazón y te hace sentir bien por dentro.

Hija: Mi recuerdo feliz

Utiliza el espacio de debajo para escribir o para dibujar el primer recuerdo feliz que te venga a la memoria. Tómate tu tiempo para disfrutar de este momento a solas. Compartirás tu trabajo con tu madre más tarde.

¡Hemos terminado! Intercambia tu trabajo con el de tu madre. Echa un vistazo a su historia o a su dibujo y escribe o dibuja lo que piensas y lo que sientes en referencia de él.

Siéntete libre de volver a este ejercicio cuando te sientas mal o cuando estés atascada en un momento negativo, porque cuando la gente está triste a menudo olvida lo positivo. Puedes usar este ejercicio cuando necesites recordar que el mundo no se te va a caer encima justamente hoy. Ahora, ve al apartado «Tiempo para conversar» y contesta a algunas preguntas que allí aparecen.

Mamá: Mi recuerdo feliz

Utiliza el espacio de debajo para escribir o para dibujar el primer recuerdo feliz que te venga a la memoria. Tómate tu tiempo para disfrutar de este momento a solas. Compartirás tu trabajo con tu hija más tarde.

¡Hemos terminado! Intercambia tu trabajo con el de tu hija. Echa un vistazo a su historia o a su dibujo y escribe o dibuja lo que piensas y lo que sientes en referencia a él.

Siéntete libre de volver a este ejercicio cuando te sientas mal o cuando estés atascada en un momento negativo, porque cuando la gente está triste a menudo olvida lo positivo. Puedes usar este ejercicio cuando necesites recordar que el mundo no se te va a caer encima justamente hoy. Ahora, ve al apartado «Tiempo de conversar» y contesta a algunas preguntas que allí aparecen.

Tiempo de conversar

Los buenos recuerdos son algo precioso. Haced una lista de otros buenos momentos que hayáis vivido juntas.

Tomaos un respiro

Acabaremos esta actividad con un ejercicio de respiración abdominal de cinco minutos que podéis hacer juntas. Buscad un lugar cómodo para relajaros. Podéis cerrar los ojos o dejarlos abiertos, como os sintáis mejor. Inspirad lenta y profundamente, llenando el vientre —no el pecho— de aire. Luego, soltad despacio el aire, encogiendo el vientre con suavidad mientras espiráis.

Este ejercicio de respiración es un poco distinto de los que hicimos en las dos actividades anteriores, porque esta vez compartiréis vuestra felicidad con el mundo que os rodea planteándoos una intención (objetivo) mientras respiráis. Para ello, mientras inspiráis, imaginad que estáis absorbiendo toda la felicidad del mundo, la que os rodea y la de vuestro interior. Cuando espiréis, enviad amor, felicidad y paz a vuestra familia y vuestros amigos, e incluso a gente que no os gusta demasiado. Haced esto con cada respiración hasta que se acaben los cinco minutos. Cuando terminéis, sonreíd a la otra o ¡chocad esos cinco!

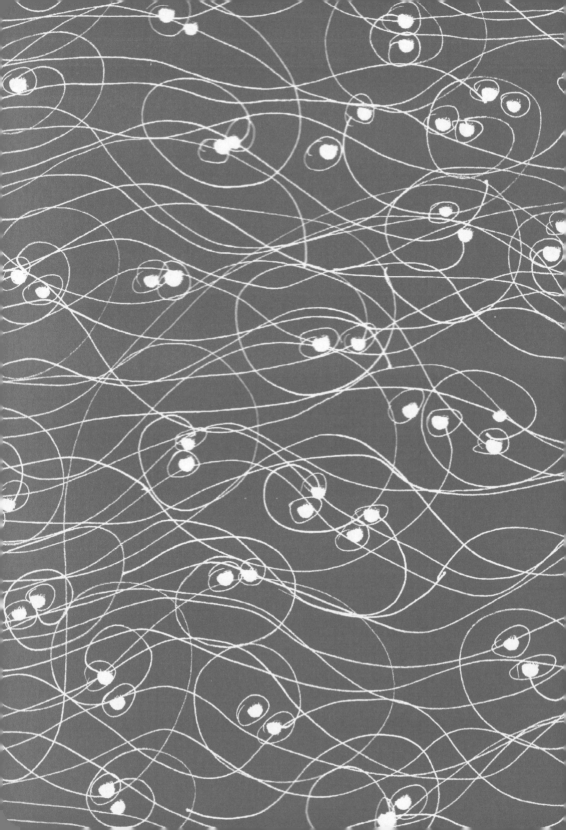

Observemos los sentimientos «no tan agradables»

Lo natural es tener todo tipo de sentimientos: positivos, neutros y negativos. En la actividad anterior hablamos de los sentimientos agradables. Ahora vamos a hablar de los «no tan agradables» o negativos. A menudo los sentimientos negativos no te hacen sentir genial, e incluso a veces pueden parecerte demasiado y abrumarte. Resulta mucho más fácil evitarlos y no hablar de ellos, porque a nadie le gusta sentirse triste y desgraciado. Y claro, evitar hablar de ellos o desviar nuestra atención de este tipo de emociones puede funcionar durante algún tiempo; te da tiempo para no pensar y no afrontarlos. Pero lo cierto es que cuanto más tiempo los evites, más grandes se harán y más difíciles de manejar serán. Es como una bola de nieve: si dejas caer una de tamaño pequeño por una colina nevada, cuando llegue abajo ¡será enorme! Eso mismo sucede con los sentimientos negativos si no te ocupas de ellos: que un día, te harán explotar. Así que la clave para tratar con ellos es aprender a aceptarlos, comprenderlos y buscar estrategias para liberarlos y trabajar con ellos, ya sea tú misma o con la ayuda de alguien.

ACERCA DE ESTE EJERCICIO

El objetivo de este ejercicio es que tu madre y tú exploréis los sentimientos negativos y os sintáis más cómodas con ellos. Lo primero de todo será hacer una lista cada una de todos los sentimientos negativos que se os ocurran.

Luego escogeréis uno y pensaréis en una situación o en un momento en el que os sentisteis así. En el apartado «Tiempo de conversar» tu madre y tú aprenderéis más cosas acerca de cómo vuestra familia se relaciona con los sentimientos negativos. Después de eso, las dos tendréis la oportunidad de practicar vuestra respiración durante unos minutos.

MÁS IDEAS DE MINDFULNESS

Cada vez que aparezca un sentimiento negativo, trata de recordarte a ti misma que no debes hacer nada, tan solo ser consciente de ello. Observa tus pensamientos y tus acciones y date cuenta de a dónde te conducen.

Hija: Mi diario de sentimientos

¿Cuáles son tus sentimientos «no tan agradables»? Escribe a continuación todos los que se te ocurran.

Escoge cuatro sentimientos de la lista que acabas de hacer y escribe uno encima de cada cuadro (debajo). Haz un dibujo en cada caja o describe en pocas palabras una situación o un momento en el que experimentaste este sentimiento. Por ejemplo, si escoges el sentimiento «asustada», podrías dibujar un trueno y un relámpago.

Madre: Mi diario de sentimientos

¿Cuáles son tus sentimientos «no tan agradables»? Escribe a continuación todos los que se te ocurran.

Escoge cuatro sentimientos de la lista que acabas de hacer y escribe uno encima de cada cuadro (debajo). Haz un dibujo en cada caja o describe en pocas palabras una situación o un momento en el que experimentaste este sentimiento. Por ejemplo, si escoges el sentimiento «asustada», podrías dibujar un trueno y un relámpago.

Tiempo de conversar

Pensar en los sentimientos negativos y compartirlos con los demás puede resultar difícil. ¿Se considera normal en tu familia hablar de ellos? Si no es así, ¿por qué?

En cada familia hay ciertos sentimientos sobre los que resulta más difícil hablar. ¿Cuáles son los más complicados para tu familia?

Cuando tus sentimientos se vuelven abrumadores e incómodos, ¿con quién te resulta útil hablar de ellos?

Tomaos un respiro

Acabaremos esta actividad con un ejercicio de respiración abdominal de cinco minutos para ti y para tu madre. Busca un espacio cómodo donde podáis relajaros. Puedes cerrar los ojos o dejarlos abiertos, como hicisteis las otras veces.

Inspira lenta y profundamente, llenando el vientre —no el pecho— de aire. Luego, suéltalo despacio, encogiendo el vientre con suavidad mientras espiras. Recuerda que no eres tus sentimientos. Aun así, una buena manera de cuidar de las grandes emociones es permitirse sentarse con ellas, no intentar olvidarlas, ignorarlas o evitarlas. Mientras inspiras, acepta esta idea, y mientras espiras, permite que tu cuerpo y tu mente se relajen. Si eso no te funciona, también puedes intentar imaginar una luz blanca y cálida extendiéndose por todo tu cuerpo para mantenerte caliente, segura y tranquila. Haz este ejercicio durante cinco minutos.

En los momentos difíciles, intenta recordar que debes escuchar tus sentimientos. De ese modo tendrás un mejor control de la situación, te sentirás bien contigo misma y podrás resolver los problemas estupendamente. Cuando hayáis terminado con el ejercicio de respiración sonreíos la una a la otra o chocad esos cinco de nuevo.

Observemos el aburrimiento

¡Estamos todos tan ocupados! Siempre haciendo algo o yendo hacia algún lugar. Algunas familias ocupan sus fines de semana con semanas de antelación, incluso meses, porque a menudo los padres sienten que necesitan mantener a sus hijos entretenidos constantemente. Olvidaos del aburrimiento: ¡si ya nadie tiene tiempo para sentarse tranquilo o estar solo! ¿Os suena?

El aburrimiento es muy necesario y puede ser algo bueno tanto para los niños como para los adultos. Aprender a estar solo es una cualidad importante de adquirir y de cultivar, del mismo modo que lo es ser capaz de presentarse con educación a un desconocido, aprender a preguntar en clase o tener buenos modales en la mesa. La investigación ha demostrado que los niños necesitan tiempo no estructurado para practicar el juego libre, algo que les permite poder mirar en su interior, aprender a gestionar su tiempo, hacer crecer su imaginación, explorar sus intereses, creatividad y pasiones para sentirse realizados. O sea, que los niños necesitan tener la oportunidad de aburrirse.

ACERCA DE ESTE EJERCICIO

Conseguid ambas una agenda semanal vacía. Vuestro trabajo consistirá en escribir en ella todas las actividades que tenéis de lunes a domingo, empezando desde la hora en que os levantáis y acabando a la hora en la que os acostáis. Coloread un bloque grande para el tiempo que pasáis en la escuela o en el trabajo. Cuando hayáis acabado intercambiaos las agendas y hablad de lo que veis: prestad especial atención a cualquier período libre de actividades. En la última parte del ejercicio os pediremos que busquéis tiempo en vuestra agenda para practicar el arte de estar solas y posiblemente aburridas. Aseguraos de que escogéis ese período de tiempo y marcadlo en la agenda.

Empezad con veinte minutos, y una vez lo dominéis, añadid más tiempo. Con el paso de los días os sorprenderá lo que el aburrimiento puede ofreceros. En el apartado «Tiempo de conversar», tu madre y tú conseguiréis entender mejor vuestras rutinas diarias y, con suerte, aprenderéis a relajaros más cuando estéis solas o aburridas. Después de eso, ¡practicad durante cinco minutos la respiración para redondear vuestro increíble trabajo!

AÚN MÁS IDEAS DE MINDFULNESS

Mientras practicas estar a solas, evita las pantallas. Deberías apagar la televisión, el teléfono móvil, el reproductor MP3, la tableta o el ordenador. Simplemente, observa tus pensamientos y lo que traen consigo.

Hija: Practica cómo estar a solas

¿Cómo es tu agenda semanal? Rellénala con tus rutinas habituales y todas tus actividades. Cuando acabes, ve al apartado «Tiempo de conversar».

	Lu	Ma	Mi	Ju	Vi	Sa	Do
6 H							
7 H							
8 H							
9 H							
10 H							
11 H							
12 H							
13 H							
14 H							
15 H							
16 H							
17 H							
18 H							
19 H							
20 H							
21 H							
22 H							

Mamá: Practica cómo estar a solas

¿Cómo es tu agenda semanal? Rellénala con tus rutinas habituales y todas tus actividades. Cuando acabes, ve a la sección «Tiempo de conversar».

	Lu	Ma	Mi	Ju	Vi	Sa	Do
6 H							
7 H							
8 H							
9 H							
10 H							
11 H							
12 H							
13 H							
14 H							
15 H							
16 H							
17 H							
18 H							
19 H							
20 H							
21 H							
22 H							

Tiempo de conversar

Observa tu agenda: ¿qué ocupa la mayor parte de tu tiempo?

¿Cuántas horas de tiempo libre hay en tu agenda?_____

Echa un vistazo a tu agenda otra vez y marca en ella una franja de tiempo libre, sin pantallas, en la que te iría bien practicar estar a solas. Empieza con veinte minutos y ve aumentando el tiempo a treinta, cuarenta, y más. Durante ese tiempo puedes jugar, probar nuevas recetas de cocina o empezar un proyecto divertido. Se trata de un tiempo para estar a solas, está bien también que no hagas nada o te permitas aburrirte.

Tomaos un respiro

Tu madre y tú podéis terminar esta actividad con un ejercicio de respiración de cinco minutos. Busca un espacio cómodo que te permita relajarte. Podéis abrir los ojos o cerrarlos.

Inspira lenta y profundamente, llenando el vientre —no el pecho— de aire. Luego, suéltalo despacio, encogiendo el vientre con suavidad mientras espiras. Recuérdate que el aburrimiento no es malo. Mientras inspiras, imagina y agradece la libertad que conlleva el aburrimiento. Mientras espiras, da la bienvenida a tu vida al gozo y la creatividad. Si eso no te funciona, intenta imaginar una luz del color que quieras extendiéndose por todo tu cuerpo, una luz que te mantiene libre y abierta. Cuando acabéis, no olvidéis sonreíros la una a la otra o chocar esos cinco de nuevo.

Lo creas o no, acabas de aprender una habilidad importante para la vida. Desde ahora, siempre que te sientas aburrida, una de las cosas que puedes hacer es practicar este ejercicio de respiración. El aburrimiento puede ser algo bueno.

Observemos nuestra preocupación

Es normal que los niños y los adultos se preocupen o sientan ansiedad. Los niños pueden ponerse nerviosos por cosas como el primer día de escuela, hacer amigos nuevos, tener un examen, ver cómo los adultos pelean, la oscuridad o una visita al dentista. De hecho, tener un nivel normal de ansiedad puede ser bueno: puede empujarnos a intentar algo con más ganas o puede mantenernos a salvo. Por ejemplo, quizá pases más tiempo preparando un examen de matemáticas porque las matemáticas son la asignatura que menos te gusta, o puede que seas más cuidadosa al cruzar la calle cuando estás sola que cuando te acompaña un adulto. A pesar de ello, si te preocupas a menudo, puede que empieces a notar que te duele el estómago o la cabeza, o que tienes problemas para dormir por la noche. A veces los niños se preocupan tanto que no disfrutan en la escuela y puede que no quieran asistir a clase. Puede pasarle a cualquiera, pero existen formas de arreglarlo. Por ello, es importante que hagamos saber a un adulto que estamos preocupados.

Debes recordar dos cosas: la primera, que estar nervioso o preocuparte mucho por algo no te convierte en una persona débil o mala. Probablemente muchos de los adultos que conoces hayan vivido un momento en su vida en el que se preocupaban demasiado y tuvieron que resolverlo, ya fuera por ellos mismos o con la ayuda de otros. Así que pueden compartir su experiencia contigo y ayudarte a manejar la ansiedad. Además, los padres deben saber que normalmente no sirve de ayuda decirle a la persona preocupada que deje de pensar tanto en ello o que deje de preocuparse. Es mejor aceptar los sentimientos o la ansiedad de la otra persona, escuchar atentamente y buscar conjuntamente maneras de recuperar el control de esos sentimientos.

ACERCA DE ESTE EJERCICIO

Esta actividad está diseñada para ayudaros a tu madre y a ti a hablar sobre la ansiedad de un modo que os haga sentir seguras. Las dos escribiréis una carta a Doña Preocupación Verrugosa y le explicaréis vuestros sentimientos acerca de la preocupación o la ansiedad rellenando los espacios en blanco. Este ejercicio os ayudará a aprender más sobre vuestra preocupación o ansiedad y os dará una mejor idea de cómo compartirlas con alguien de confianza. En el apartado «Tiempo de conversar» tu madre y tú conseguiréis pensar de una forma distinta acerca de vuestra preocupación y ansiedad, y os sentiréis más fuertes y más poderosas que ahora. Luego os ayudaréis la una a la otra con distintas ideas sobre cómo vencer la ansiedad y la preocupación y aumentar el control de vuestra mente. Al final haréis otro ejercicio de respiración con el objetivo de incrementar vuestra autoconfianza cultivando la fuerza y la calma que ya existen en vuestro interior.

MÁS IDEAS DE MINDFULNESS

Identifica una situación que te preocupe o te produzca ansiedad. Recuérdate a ti misma que no debes perder los papeles, ni debes huir ni evitarla. (Si lo haces, normalmente la cosa se pone peor o dura más.) Acepta tu preocupación y evita juzgarte a ti misma, a la situación ¡o a los demás! Sé consciente de las sensaciones de tu cuerpo, de tu forma de respirar, de tus pensamientos y de tus comportamientos cuando te sientes preocupada o ansiosa.

Hija: Una carta a Doña Preocupación Verrugosa

En este ejercicio no existen respuestas correctas o incorrectas. Simplemente, rellena los espacios en blanco.

Querida Doña Preocupación Verrugosa,

Me llamo _____.Tengo ____ años. Se me da muy bien

_____. También me lo paso bien _____ con mi

familia. A mi mejor amiga, _____, y a mí nos gusta _____.

La mayor parte del tiempo a mí _____ la escuela y _____ mi

casa. Mi profesor cree que soy _____. Mi madre cree que soy

_____. Pero hay algo que nunca le he contado a nadie. No sé muy

bien por qué, quizá porque me siento _____. Lo cierto es que a veces me

preocupo por _____. En una escala del 1 al 10 (1 = relajada; 10 =

extremadamente preocupada), probablemente me daría un ___.

Cuando pienso en _____, eso me hace sentir _____. En el

pasado yo _____ para sentirme mejor o para olvidarme de esto

durante un tiempo. A veces funcionaba, pero a veces no.

Atentamente,

_____

Firmado

Madre: Una carta a Doña Preocupación Verrugosa

En este ejercicio no existen respuestas correctas o incorrectas. Simplemente, rellena los espacios en blanco.

Querida Doña Preocupación Verrugosa,

Me llamo _____. Tengo ____años. Cuando era joven me gustaba

mucho _____. Recuerdo que me gustaba _____

con mi familia. Mi mejor amiga, _____, y yo solíamos _____.

Lo pasábamos genial juntas.

Mi infancia fue _____. Mi profesor pensaba que yo era

_____. Mi madre decía que yo era _____. Pero

había algo que nunca le conté a nadie. No sé muy bien por qué, quizá porque

me sentía _____. Lo cierto es que solía preocuparme por _____.

En una escala del 1 al 10 (1 = relajada; 10 = extremadamente preocupada),

probablemente me hubiera dado un ___. Cuando pensaba en _____,

aquello solía hacerme sentir _____. A pesar de ello, lo

que más me ayudó fue _____.

Atentamente,

_____

Firmado

Tiempo de conversar

Si tuvieras que poner un nombre a tus preocupaciones, ¿cuál sería? Si tuvieras que darles una forma, ¿a qué se parecerían? ¡Usa el espacio de debajo para jugar con tu creatividad!

Conversad sobre un momento en el que estuvierais preocupadas y también de lo que hicisteis para sentiros mejor. Recortad la página siguiente y las seis tarjetas. Luego, anotad detrás de cada una algunas ideas acerca de lo que hicisteis para sentiros mejor entonces (por ejemplo, ver una película divertida o escribir en un diario, etc.). Guardad las tarjetas en un lugar donde podáis encontrarlas fácilmente más tarde (en un cajón, en el bolso o encima de la nevera).

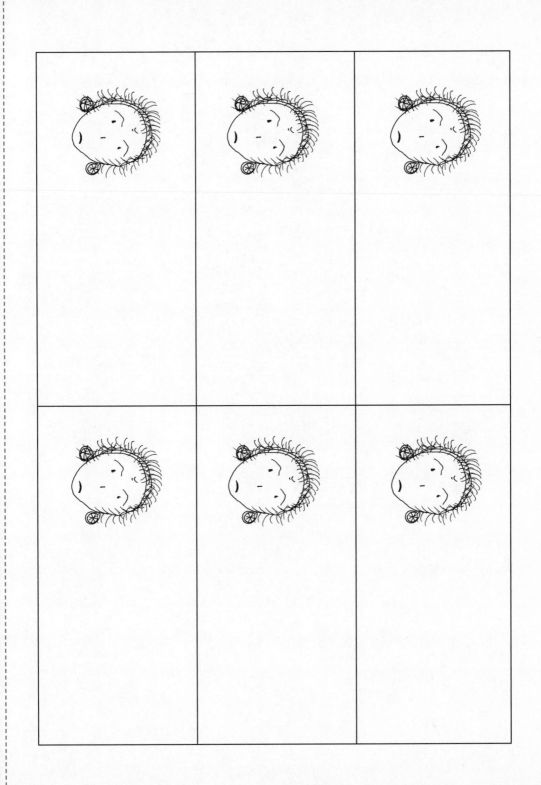

Tomaos un respiro

Acabaremos esta actividad con un ejercicio de respiración abdominal de cinco minutos para madre e hija. Busca un espacio cómodo que te permita relajarte. Puedes abrir los ojos o cerrarlos.

Inspira lenta y profundamente, llenando el vientre —no el pecho— de aire. Luego, suéltalo despacio, encogiendo el vientre con suavidad mientras espiras. Cada vez que inspires, imagina que estás absorbiendo toda la fuerza y la calma que hay a tu alrededor. Permite que esta fuerza y esta calma aflojen la tensión que la preocupación puede haber depositado en tu vientre. Cada vez que espires, imagina que estás expulsando la preocupación (puedes usar el nombre que te inventaste para ella en el apartado «Tiempo de conversar»). También puedes imaginarte la preocupación ardiendo como leña en una hoguera. Cuando hayáis terminado, sonreíos la una a la otra o ¡chocad esos cinco!

Hablemos de cuando la vida es triste

La tristeza es una emoción humana normal. Lo cierto es que nadie puede escapar de ella; todos experimentaremos tristeza en innumerables ocasiones durante nuestra vida. Cuando la gente se siente triste, no necesariamente se sienta a solas para llorar. Es muy común que las personas que están tristes se enfaden o se sientan frustradas con los demás o con ellas mismas.

Hay muchas cosas que pueden ponernos tristes: no conseguir la nota que deseábamos, escuchar una noticia o una canción triste, cambiarnos de escuela, enterarnos de una separación o de un divorcio, o de que alguien ha muerto, que nos acosen en la escuela o presenciar cómo intimidan a otro compañero, sentirnos solos o fuera de control… La intensidad de la tristeza es diferente en función de la razón por la que estamos tristes. Por ejemplo, puede que te sientas un poco triste cuando te enteras de que tu heladería favorita ha cerrado, pero extremadamente triste cuando tu perro muere. Pero cuando la tristeza dura demasiados días o se nos hace difícil hablar, jugar, comer, dormir o divertirnos, es importante decirlo y pedir ayuda. Los adultos de confianza de tu vida pueden ayudarte a manejar la tristeza y a sentirte tú misma de nuevo.

ACERCA DE ESTE EJERCICIO

Esta actividad os da a tu madre y a ti la oportunidad de pensar y hablar acerca de lo que supone estar triste. Es una conversación muy importante de mantener con alguien de confianza. A mucha gente le preocupa hablar de la tristeza, porque temen que al hacerlo se sientan aún más tristes. Este ejercicio os guiará sobre cómo pensar y hablar de la tristeza de modo que os ayude a entenderla mejor y a descubrirla en los demás. El objetivo de este ejercicio es que tanto tú como tu madre acabéis sintiéndoos mucho más confiadas para afrontar la tristeza cuando surja en el futuro. En el apartado «Tiempo de conversar» encontraréis una lista de actividades sugeridas que pueden ser útiles para tratar la melancolía. Encontraréis buenos ejemplos para poder comenzar. De nuevo, terminaréis la actividad con un ejercicio de respiración de cinco minutos y aprenderéis a restaurar la esperanza y a rodearos de familia y amigos que os quieran y os cuiden cuando os sintáis tristes.

MÁS IDEAS DE MINDFULNESS

La tristeza no es una emoción cómoda de experimentar, pero es muy importante que aprendas a respetarla y a aceptarla. Observarte a ti misma mientras la experimentas sin hacer ningún juicio es una práctica fundamental para llevar una vida consciente.

Hija: Estoy triste

Dibuja una cara triste

¿Cómo sabes que alguien está triste?

¿Qué tipo de situación, persona o lugar te pone triste?

Normalmente, la gente experimenta un rango de tristeza que puede representarse de este modo:

1   2   3   4   5   6   7   8   9   10

Un poco triste   Medianamente triste   Extremadamente triste

¿Qué situación sería un 1 para ti? _____

¿Qué situación sería un 5? _____

¿Qué situación sería un 10? _____

¿Cómo puede la gente saber que estás triste?

Comparte tu trabajo con tu madre y ve a la página 59, que incluye una lista de cosas que podrías hacer cuando estás triste. En el apartado «Tiempo de conversar» tendrás la oportunidad de crear tu propia lista.

Madre: Estoy triste

Dibuja una cara triste

¿Cómo sabes que alguien está triste?

¿Qué tipo de situación, persona o lugar te pone triste?

Normalmente, la gente experimenta un rango de tristeza que puede representarse de este modo:

1   2   3   4   5   6   7   8   9   10

Un poco triste   Medianamente triste   Extremadamente triste

¿Qué situación sería un 1 para ti? _____

¿Qué situación sería un 5? _____

¿Qué situación sería un 10? _____

¿Cómo puede la gente saber que estás triste?

Comparte tu trabajo con tu hija y ve a la página 59, que incluye una lista de cosas que podrías hacer cuando estás triste. En el apartado «Tiempo de conversar» tendrás la oportunidad de crear tu propia lista.

Cosas que hacer cuando me siento triste

Montar en bicicleta

Colorear

Dibujar

Jugar a un juego de mesa

Pasear al perro

Cantar

Salir a tomar un helado

Crear mi propio libro de cuentos
    ilustrado

Dar patadas a un balón de fútbol

Comer chocolate

Leer un cuento divertido

Jugar con mis juguetes favoritos

Hacer un puzle

Abrazar a alguien

Aprender a hacer pulseras

Respirar hondo

Hacer pompas de jabón

Dar un paseo por la naturaleza

Pensar en cosas positivas

Hacer un ramo de flores

Decírselo a alguien

Hacer galletas

Jugar a baloncesto

Subir a un árbol

Ir a patinar

Escribir

Hacer de voluntaria

Pedir ayuda

Jugar con una mascota

Ser amable conmigo misma

Ordenar mi habitación

Llorar

Jugar a las cartas

Tocar un instrumento

Hacer una pausa

Ponerme ropa suave

Sonreír

Ponerme perfume

Ver una película divertida

Pintarme las uñas de un color
    brillante

Escuchar música

Hacer yoga

Tomar un baño

Hacerme una mascarilla facial
    casera

Cocinar

Caminar sobre la hierba con los
    pies descalzos

Tiempo de conversar

Escribe algunas ideas sobre actividades que tu madre y tú podríais desear hacer cuando os sentís «un poco tristes», «medianamente tristes» o «extremadamente tristes». Podéis mirar la lista de la página anterior para encontrar sugerencias.

Un poco triste

Medianamente triste

Extremadamente triste

Tomaos un respiro

Podéis acabar esta actividad con un ejercicio de respiración abdominal de cinco minutos para madre e hija. Busca un espacio que te permita relajarte. Puedes abrir los ojos o cerrarlos.

Inspira lenta y profundamente, llenando el vientre —no el pecho— de aire. Luego, suéltalo despacio, encogiendo el vientre con suavidad mientras espiras. Recuerda, a veces hay cosas que pueden ponernos tristes, y la verdad es que todos tenemos que experimentar esos momentos a lo largo de la vida. Una manera estupenda de cuidar de ti misma es imaginar que con cada inspiración absorbes toda la esperanza y la preciosa amistad que hay en tu vida. Luego, al espirar, imagina que toda la tristeza y el dolor que estás experimentando abandonan tu cuerpo. Cuando terminéis no olvidéis sonreíros la una a la otra o ¡chocar esos cinco otra vez!

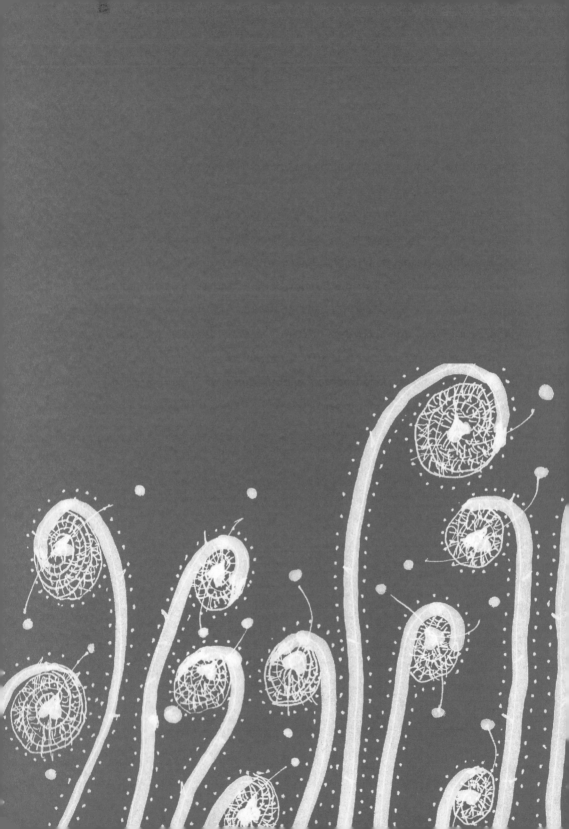

Observemos la ira

Mucha gente se asusta o se pone nerviosa cuando está cerca de una persona enfadada porque desde muy pequeños nos enseñan que la ira es mala. Pero la verdad es que todos nos enfadamos. La ira es otra emoción humana normal que todos experimentamos cuando no conseguimos lo que queremos o cuando alguien es desagradable o se porta de forma injusta con nosotros. Si nos detenemos y escuchamos con cuidado a nuestra ira, sin juzgarla, veremos que puede enseñarnos algo sobre nosotros mismos.

A menudo, cuando alguien se enfada, se cierra en banda y puede que lo exteriorice gritando, tirando cosas o discutiendo para liberar tensión. Estas manifestaciones pueden hacer que la persona enfadada se sienta bien durante un período de tiempo corto, pero tan pronto como se calma, a menudo lo siente y se arrepiente de lo que ha hecho. ¿Te ha pasado alguna vez? Si la respuesta es sí, encontrarás aquí una manera de manejar tu superenfado.

El primer paso es darte cuenta de cuáles son tus sentimientos. ¿Te sientes irritada? ¿Estás frustrada? ¿Enfadada? Suena sencillo, pero a mucha gente le cuesta mucho averiguarlo. Es muy importante y muy útil aprender a nombrar e identificar de forma concreta tus sentimientos. Lo siguiente es intentar estar atenta a tus expresiones faciales, tu tono de voz, tus palabras, tu cuerpo y tus acciones. Todas estas pistas te ayudarán a comprender la intensidad de tu rabia. Recuerda: tener sentimientos de ira no es bueno ni malo; lo que puede llevarte a un resultado bueno o malo es lo que haces con esa ira.

Muchas veces, cuando actúas con rapidez y sin pensar acabas por sentirte culpable o avergonzada por lo que has hecho, o incluso puede que te metas en más problemas. Así que la próxima vez que te enfades, quizá desees practicar el comprenderte a ti misma antes de explotar. Puedes hacerlo con una respiración profunda y buscando algo que te distraiga, como por ejemplo ir a montar en bicicleta, beber un vaso de agua, sonreírle al espejo, escuchar música o ver una película. Una vez que el fuego que tenías dentro se ha enfriado, tu estado mental será mucho más apropiado para poder hablar o arreglar las cosas de una forma madura y flexible.

ACERCA DE ESTE EJERCICIO

El objetivo de este ejercicio es enseñarte a ir más despacio y a mantener el control de tu mente y de tu cuerpo cuando te enfadas. Una herramienta extraordinaria para lograrlo es concentrarse en la respiración. Cuanto más practiques con tu respiración mejor se te dará. Y lo bueno es que puedes concentrarte en tu respiración en cualquier lugar y a cualquier hora del día. Lo primero que harás será dibujar cómo es la otra persona cuando se enfada. Luego encontraréis dos «laberintos de respiración abdominal», uno para ti y otro para tu madre, que os guiarán en vuestra práctica. Ambas respiraréis profundamente diez veces, de modo que podáis experimentar de verdad la respiración profunda. En la sección «Tiempo de conversar», las dos diseñaréis vuestro propio cuaderno de respiración. Y también encontraréis otro laberinto de respiración. Guardadlo y fotocopiadlo como una herramienta para usar en el futuro siempre que queráis tener más control sobre el monstruo de la rabia que lleváis dentro. Podéis pasar los cinco últimos minutos espirando la ira e inspirando el amor y la bondad que hay a vuestro alrededor.

MÁS IDEAS DE MINDFULNESS

Haced muchas copias del laberinto de respiración abdominal y guardadlas en un lugar que recordéis. Un ejercicio de respiración al día os hará sentir mejor, más felices y calmadas. Cuando veas que te estás enfadando, recuerda inspirar todo el amor y la bondad que hay a tu alrededor y lentamente espira tu enfado y tu dolor.

Hija y madre:
¿Cómo es tu cara de enfadada?

Cuando la gente se enfada lo muestra de distintas maneras. Utiliza los círculos de debajo para dibujar cómo es la otra persona cuando se enfada.

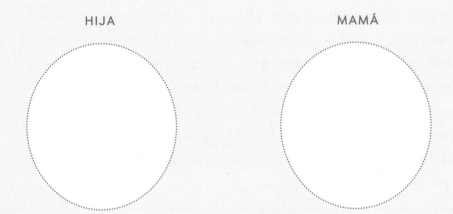

HIJA

MAMÁ

Hija: El laberinto de la respiración abdominal

Este laberinto es una herramienta para concentrarse en la respiración, una buena manera de parar un poco y de calmar tu mente. En la página siguiente hay una selección de números al azar entre el 1 y el 10, y las palabras inspira y espira. Tu trabajo es respirar profundamente diez veces con el vientre mientras dibujas líneas que conecten los números del laberinto: mientras inspiras, une el número en el que estás con la palabra inspira, y cuando espires, alarga la línea para conectar la palabra inspira con la palabra espira. Por ejemplo, la primera respiración será «1-inspira-espira», luego «2-inspira-espira», etc. Se pueden cruzar las líneas, pero intenta utilizar distintos inspira y espira si puedes. Ten en cuenta que es mucho más efectivo espirar durante más tiempo que el que dura la inspiración. Trata de vaciar tu vientre tanto como puedas con cada espiración.

Inspira   Inspira   7   Espira   4

Espira   Inspira   1   !   Espira

!   Inspira   Espira   6

9   Espira   Inspira   Espira   10

2   Inspira   !   !   Inspira   Espira

3   Inspira   !   Espira   8

Espira   Inspira   Inspira   Espira   5

Mamá: El laberinto de la respiración abdominal

Este laberinto es una herramienta para concentrarse en la respiración, una buena manera de parar un poco y de calmar tu mente. En la página siguiente hay una selección de números al azar desde el 1 hasta el 10, y las palabras inspira y espira. Tu trabajo es respirar profundamente diez veces con el vientre mientras dibujas líneas que conecten los números del laberinto: mientras inspiras, une el número en el que estás con la palabra inspira, y cuando espires, alarga la línea para conectar la palabra inspira con la palabra espira. Por ejemplo, la primera respiración será «1-inspira-espira», luego «2-inspira-espira», etc. Se pueden cruzar las líneas, pero intenta utilizar distintos inspira y espira si puedes. Ten en cuenta que es mucho más efectivo espirar durante más tiempo que el que dura la inspiración. Trata de vaciar tu vientre tanto como puedas con cada espiración.

Inspira   Inspira   7   Espira   4

Espira   Inspira   1   !   Espira

!   Inspira   Espira   6

9   Espira   Inspira   Espira   10

2   Inspira   !   !   Inspira   Espira

3   Inspira   !   Espira   8

Espira   Inspira   Inspira   Espira   5

Tiempo de conversar

Conversad entre vosotras acerca de cómo usar el espacio en blanco de esta página para diseñar vuestro diario semanal o mensual de respiración abdominal. Tu madre y tú anotaréis en él cuántas veces la practicáis, y también hablaréis de cómo os vais a premiar por dominar esta nueva habilidad. En la página siguiente encontraréis el laberinto de respiración abdominal en blanco. Haced copias de él para usarlas en el futuro.

Las escalas numeradas al inicio y al final de la página están ahí para ayudaros a poner más atención a vuestros sentimientos antes y después de la práctica del ejercicio.

Laberinto de la respiración abdominal

Fecha: _____ Tiempo: _____

Me siento: _____

1	2	3	4	5	6	7	8	9	10
Tranquila				Frustrada				Enfadada	

Inspira   Inspira   7   Espira   4

Espira   Inspira   1   !   Espira

!   Inspira   Espira   6

9   Espira   Inspira   Espira   10

2   Inspira   !   !   Inspira   Espira

3   Inspira   !   Espira   8

Espira   Inspira   Inspira   Espira   5

1	2	3	4	5	6	7	8	9	10
Tranquila				Frustrada				Enfadada	

Tomaos un respiro

Acabaremos esta actividad con un ejercicio de respiración abdominal de cinco minutos para madre e hija. Busca un espacio que te permita relajarte. Puedes abrir los ojos o cerrarlos.

Inspira lenta y profundamente, llenando el vientre —no el pecho— de aire. Luego, suéltalo despacio, encogiendo el vientre con suavidad mientras espiras. Cada vez que inspiras, imagínate que absorbes todo el amor y la bondad que te rodea. Mientras espiras, imagina que estás dejando ir todo el enfado y el dolor que hayas podido experimentar en aquel momento. Puedes tratar de imaginar el enfado y el dolor como gotas de agua en un río, cayendo por una cascada. Cuando hayáis terminado podéis sonreíros la una a la otra o ¡chocar esos cinco!

Hablemos del estrés

¿Sabes cómo es estar estresado? Mucha gente lo está sin saberlo. El estrés aparece cuando te encuentras en una situación que te hace sentir abrumada, presionada, amenazada o fuera de control. Este tipo de situaciones a menudo te harán sentir incómoda, preocupada, asustada o disgustada. Al igual que sucede con la ira y con la ansiedad, una pequeña dosis de estrés es necesaria para hacerte trabajar con más ahínco, cumplir tus objetivos y prepararte para tareas que representan un reto. Pero tener demasiado estrés no es bueno y puede hacer que no te sientas tú misma. La primera regla para mantenerlo a raya es asegurarte de que duermes lo suficiente por la noche, comes bien y haces ejercicio.

Aunque cada persona vive el estrés de forma distinta, mucha gente lo experimenta en su cuerpo y lo expresa a través de sensaciones físicas como por ejemplo dolores de cabeza o de estómago, mareos, sudor en las manos o palpitaciones. Algunas personas muestran su estrés a través de acciones o hábitos como morderse las uñas, enfadarse mucho, beber alcohol, fumar, comer mucha comida basura o peleándose con los demás. Por ello, es importante que seas consciente de cómo reacciona tu cuerpo al estrés para que puedas aprender a responder rápidamente siendo amable contigo misma y tratándote bien.

ACERCA DE ESTE EJERCICIO

El objetivo de este ejercicio es enseñarte cosas sobre el estrés y sobre cómo aparece en tu cuerpo, en tu mente y en tu comportamiento. En la página 77 encontrarás una serie de síntomas físicos y emocionales, sentimientos y comportamientos que las personas estresadas suelen experimentar. Tu tarea consistirá en intentar recordar un momento en el que te hayas sentido abrumada, fuera de control o estresada; por ejemplo, aquella vez que tuviste que actuar frente a un montón de gente, o cuando discutiste con alguien u oíste a otras personas discutiendo, o cuando hiciste algo mal o sentiste que te ignoraban. Trata de imaginar lo que tu cuerpo te decía en aquel momento. Algunas personas pueden recordar estos sentimientos con claridad y otras no, no pasa nada. En la sección «Tiempo de conversar» tu madre y tú aprenderéis más cosas sobre lo que os provoca estrés, y luego utilizaréis la práctica de respiración para controlarlo o reducirlo.

MÁS IDEAS DE MINDFULNESS

Si ya sabes cómo responde tu cuerpo al estrés, te das cuenta de cuándo lo sientes y entonces empiezas a cuidarte. Si no, esta es una buena oportunidad para prestar atención a las sensaciones de tu cuerpo, a tu comportamiento y a tu mente para que aprendas a vivir en el momento presente y seas una persona más consciente.

Hija: ¿Dónde vive tu estrés?

La gente experimenta el estrés de formas distintas. Vamos a descubrir en qué lugar de tu mente, de tu cuerpo y de tu comportamiento se expresa tu estrés. En la lista de abajo, dibuja un círculo alrededor de aquellas cosas que te suceden con frecuencia y haz un asterisco sobre las que te suceden a veces.

LLORAR	ABURRIDA
DISCUTIR	MALHUMORADA
PREOCUPARME	PESADILLAS
NO PUEDO COMER	DOLOR DE ESTÓMAGO
RECHINAR LOS DIENTES	MÚSCULOS EN TENSIÓN
COMER DEMASIADO	PROBLEMAS PARA DORMIR
MORDERME LAS UÑAS	PALPITACIONES
BOCA O GARGANTA SECAS	INCAPAZ DE CONCENTRARME

Comparte con tu madre lo que has aprendido de este ejercicio y luego ve al apartado «Tiempo de conversar».

Mamá: ¿Dónde vive tu estrés?

La gente experimenta el estrés de formas distintas. Vamos a descubrir en qué lugar de tu mente, tu cuerpo y tu comportamiento se expresa tu estrés. En la lista de abajo, dibuja un círculo alrededor de las cosas que te suceden con frecuencia y haz un asterisco sobre las que te suceden a veces.

LLORAR   ABURRIDA

DISCUTIR   MALHUMORADA

PREOCUPARME   PESADILLAS

NO PUEDO COMER   DOLOR DE ESTÓMAGO

RECHINAR LOS DIENTES   MÚSCULOS EN TENSIÓN

COMER DEMASIADO   PROBLEMAS PARA DORMIR

MORDERME LAS UÑAS   PALPITACIONES

BOCA O GARGANTA SECAS   INCAPAZ DE CONCENTRARME

Comparte con tu hija lo que has aprendido de este ejercicio y luego ve al apartado «Tiempo de conversar».

Tiempo de conversar

Ayudaos la una a la otra a aprender más sobre todo aquello que os hace sentir estrés. Pueden ser cosas diferentes para cada una, aunque quizá algunas se parezcan. El primer paso es reconocer de dónde proviene vuestro estrés. En las columnas de abajo marcad con una cruz las situaciones o tareas que son fuentes potenciales de estrés para cada una de vosotras.

SITUACIÓN	HIJA	MAMÁ
Rutinas a la hora de levantarse o de acostarse		
Cambiar de escuela o de trabajo		
Pelearme o estar en desacuerdo con alguien		
Tener la agenda muy ocupada		
Enfermedad o lesiones		
Muerte de un ser querido		
Separarme de las personas que quiero		
Examen o fecha de entrega		
No encajar		
Mi cuerpo		
Malas notas o evaluaciones		
Mudanzas		
Vacaciones		
Deberes		
Divorcio		
Nuevo miembro en la familia		
Hermanos		
Acoso		
Actuación o presentación en público		

Tomaos un respiro

Vamos a acabar esta actividad con un ejercicio de respiración abdominal de cinco minutos para madre e hija. Busca un espacio que te permita relajarte. Puedes abrir los ojos o cerrarlos.

Inspira lenta y profundamente, llenando el vientre —no el pecho— de aire. Luego, suéltalo despacio, encogiendo el vientre con suavidad mientras espiras. Cada vez que inspires di «relájate» y cuando espires di «suelta». Con cada espiración, imagínate que expulsas el estrés de cada una de las partes de tu cuerpo. Empieza con la cabeza, el cuello, hombros y brazos. A continuación imagínate el estrés saliendo de tu pecho. En la siguiente respiración abandona tu vientre, en el que no hay ninguna tensión, luego las nalgas y los muslos. Finalmente el estrés sale de tus piernas y de tus pies. Cuando acabes, vuelve al inicio de la secuencia hasta que finalicen los cinco minutos. Cuando terminéis, podéis sonreíros la una a la otra o chocar esos cinco.

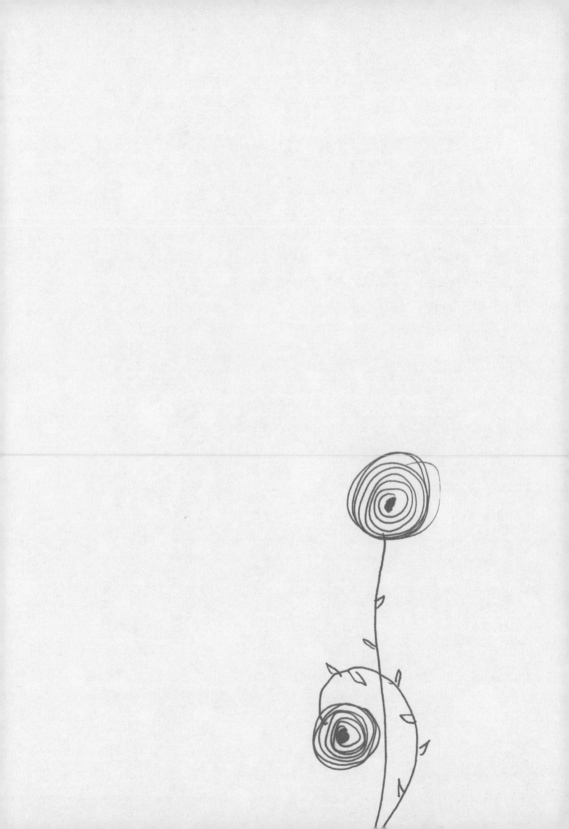

Entrena tu cerebro

¿Sabías que tu cerebro tiene la capacidad de cambiar, crecer y adaptarse a lo largo de tu vida? Los científicos han observado que cada día se forman neuronas nuevas cuando aprendemos algo o llevamos a cabo una tarea difícil, mientras que las viejas neuronas mueren de forma natural debido al estrés, a lesiones o enfermedades. A este proceso se le denomina «plasticidad neuronal». No creas que eso significa que el cerebro esté hecho de plástico, tan solo quiere decir que es algo flexible, no fijo o estático.

Si el cerebro cambia de forma y añade nuevas conexiones con nuestras experiencias cotidianas, eso significa que tenemos poder para causar un verdadero impacto en él. Muchos estudios han demostrado que una manera sencilla de entrenar el cerebro y crear nuevas conexiones neuronales es concentrarnos en algo o pensar en una cosa de forma repetida durante un tiempo. Así, si nos entrenamos para tener buenos pensamientos y concentrarnos en las cosas positivas, nuestro cerebro empezará a detectar infinidad de cosas positivas. La otra cara de la moneda es que si concentramos nuestra atención en todo lo negativo que nos rodea, nuestro cerebro aprenderá a agarrarse a lo negativo. Con el paso del tiempo esas conexiones neuronales se volverán permanentes y automáticas, lo que significa que la persona con pensamientos positivos será mucho más feliz que la persona con pensamientos negativos. Así que, ¿te gustaría tener un cerebro supersaludable y consciente o uno deprimido, gruñón e inconsciente? ¡Tú decides! ¿Qué te parece?

ACERCA DE ESTE EJERCICIO

En este ejercicio tu madre y tú aprenderéis una técnica sencilla para entrenar el cerebro, para cambiar vuestro modo de pensar y para tener más control sobre vuestros pensamientos y sentimientos. No es una broma, ¡es de verdad, y es algo muy científico! En la página siguiente tendrás que escoger un par de afirmaciones. Elige una con la que te identifiques lo máximo posible y luego piensa seriamente sobre ella durante un par de minutos. Para hacer este ejercicio hay que estar en silencio y a solas. La clave es intentar concentrarse en el significado de la frase y pensar sobre ella una y otra vez en lugar de solo copiarla. Cuanto más tiempo pienses en ella, más rápido se formarán, reconectarán o se ajustarán las neuronas de tu cerebro. Cuando hayas terminado, tu madre y tú os ayudaréis la una a la otra a tener una lluvia de ideas acerca de cómo entrenar vuestro cerebro y pensar en positivo sobre vosotras mismas, corregir hábitos de pensamientos negativos y a convertiros en la persona que elijáis ser. Para permitir que la nueva información se aposente, terminad la actividad con un ejercicio de respiración de cinco minutos. ¡Viva!

MÁS IDEAS DE MINDFULNESS

Elige una afirmación que creas que te convertiría en una persona más feliz y bondadosa. Concéntrate en su significado. Toma conciencia de lo que quieres conseguir y establece un tiempo cada día para dedicarte a practicar con regularidad.

Hija: Entreno mi cerebro

¿No es alucinante saber que tenemos el poder de controlar nuestro cerebro? Concentrándote en algo o pensando en algo una y otra vez, tu cerebro empezará a crear nuevas conexiones. Cuanto más lo hagas más éxito tendrás. ¡Empecemos ahora mismo! En el espacio en blanco de abajo copia a mano una de las frases siguientes tantas veces como puedas durante cinco minutos. Si te quedas sin espacio consigue otro papel.

Soy especial.

Soy impresionante.

Si lo intento puedo lograrlo.

Es bueno no ser perfecto.

¡Es bueno arriesgarse!

Mamá: Entreno mi cerebro

¿No es alucinante saber que tenemos el poder de controlar nuestro cerebro? Concentrándote en algo o pensando en algo una y otra vez, tu cerebro empezará a crear nuevas conexiones. Cuanto más lo hagas más éxito tendrás. ¡Empecemos ahora mismo! En el espacio en blanco de abajo copia a mano una de las frases siguientes tantas veces como puedas durante cinco minutos. Si te quedas sin espacio consigue otro papel.

Soy especial.

Soy impresionante.

Si lo intento puedo lograrlo.

Es bueno no ser perfecto.

¡Es bueno arriesgarse!

Tiempo de conversar

Piensa al menos en una palabra o una frase (como máximo en diez) que te gustaría escribir para entrenar tu cerebro en el futuro. Escríbelas en los espacios en blanco a continuación.

HIJA	MAMÁ

Tomaos un respiro

Acabaremos esta actividad con un ejercicio de respiración abdominal de cinco minutos para madre e hija. Busca un espacio que te permita relajarte. Puedes abrir los ojos o cerrarlos.

Inspira lenta y profundamente, llenando el vientre —no el pecho— de aire. Luego, suéltalo despacio, encogiendo el vientre con suavidad mientras espiras. Recuerda: tienes el poder de entrenar y establecer nuevas conexiones en tu cerebro para convertirte en una persona más saludable, más positiva y más feliz. Cada vez que tomas aire, recuerda tener pensamientos saludables y mientras lo sueltas, imagínate que dejas ir cualquier pensamiento poco saludable que te ponga triste, nerviosa o te haga sentir insegura. También puedes imaginarte los pensamientos dañinos como un globo flotando perdido en el cielo que se aleja de ti más y más. Practicar este ejercicio con regularidad marcará un cambio enorme en tu vida. Cuando acabéis, podéis sonreíros la una a la otra o ¡chocar esos cinco!

Vamos a relajarnos

El cuerpo humano está formado aproximadamente por treinta billones de células. Cada célula hace unos cuantos millones de cosas por segundo para mantenernos vivos. Además, cada célula tiene que saber lo que hacen las otras células, o de lo contrario nuestro cuerpo se desmontaría. A pesar de que el cuerpo humano constituye por sí mismo un milagro, tenemos que hacer muchas cosas adicionales para cuidar de él y mantenernos felices y saludables.

Nuestra mente y nuestro cuerpo están conectados: a menudo, nuestro cuerpo responde al modo en que pensamos y sentimos, incluso sin que nos demos cuenta. Por ejemplo, imagínate que ves una serpiente en el bosque mientras vas paseando a tu perro. ¿Qué le sucede a tu cuerpo? Automáticamente empiezas a sudar. Tu corazón empieza a latir más fuerte. La sangre fluye hacia los órganos principales y hacia los músculos de las piernas, con el fin de que estés preparado para escapar con rapidez de cualquier cosa que percibas como una situación amenazadora. Estos cambios corporales suceden de forma natural y rápida para mantenernos a salvo y en alerta. Así pues, el primer paso para comprender nuestros sentimientos es darnos cuenta de lo que nuestro cuerpo nos dice.

ACERCA DE ESTE EJERCICIO

Este ejercicio es una actividad conjunta. En él, tu madre y tú deberéis completar una lista desordenada. El ejercicio de escáner corporal os dará a conocer los distintos grupos musculares del cuerpo. Para conocer aún mejor vuestro cuerpo, aprenderéis a hacer un ejercicio de relajación muscular que se realiza tensando y relajando un grupo muscular cada vez. Mientras lo realizas, presta atención a tu cuerpo y a tu respiración. No pasa nada si algunos músculos están más relajados o tensos que otros. Si sientes dolor, tan solo sé consciente de él, respira un poco más y sigue adelante. Puede sonar extraño, pero nuestros sentimientos a veces se quedan almacenados y bloqueados en el cuerpo y provocan dolor, opresión o tensiones musculares. En el apartado «Tiempo de conversar» tu madre y tú tendréis que responder a algunas preguntas más que os ayudarán a ser más conscientes de las distintas partes del cuerpo donde habitan vuestros sentimientos. El ejercicio final de respiración abdominal os ayudará a acabar la actividad con una nueva conciencia de vuestro cuerpo.

MÁS IDEAS DE MINDFULNESS

Planifica con regularidad un tiempo para practicar el ejercicio de escáner corporal. Poniendo tu atención en las sensaciones corporales, los pensamientos y los sentimientos, empezarás a vivir con conciencia, en el momento presente.

Hija y mamá: Lista desordenada para el escáner corporal

1. Después del entrenamiento de voleibol le dije a mi madre que necesitaba dejar descansar los ojos. Me fui a mi habitación y me tumbé de _____.

2. Me duelen los _____ por la competición de atletismo de ayer por la tarde.

3. Cuando me pongo nerviosa, mi corazón late más deprisa, haciendo que mi _____ suba y baje.

4. La gente puede adivinar cómo me siento mirando mi _____ y mi lenguaje corporal.

5. Me gusta caminar con los _____ descalzos por la arena.

6. Cuando mi abuela viene a visitarnos, coloca sus _____ alrededor de mi cuerpo dándome un gran abrazo.

7. Mis _____ se cansan cuando escribo durante mucho tiempo.

8. Me duelen las _____ después de haber subido tantas escaleras ayer.

9. Cuando alguien está estresado es normal que su _____ se ponga tenso.

10. Durante el viaje en coche tuve que sentarme sobre mi _____ durante cinco horas seguidas.

11. Estar sentada frente al ordenador durante mucho tiempo puede hacer que tu cuello y tus _____ sufran.

12. Siento algo raro en mi _____ cuando tengo miedo o estoy preocupada por algo.

RESPUESTAS:

Estómago	Cuello	Brazos	Pecho
Hombros	Muslos	Pies	Pantorrillas
Trasero	Manos	Cara	Espalda

Ejercicio de relajación muscular

El objetivo de la lista desordenada era iniciaros a ti y a tu madre en los principales grupos musculares que hay en el cuerpo. Ahora que ya los habéis identificado, aprenderéis a relajar todo el cuerpo siguiendo estos cinco pasos:

PASO 1

Aprieta todos los músculos durante cuatro segundos. Empieza con los de la cara y ve bajando hasta los pies en este orden: cara, cuello, hombro izquierdo, hombro derecho, brazo izquierdo, brazo derecho, mano izquierda, mano derecha, pecho, estómago, espalda, nalgas, muslo izquierdo, muslo derecho, pantorrilla izquierda, pantorrilla derecha, pie izquierdo, pie derecho.

PASO 2

Cuando acabes, aprieta todo tu cuerpo y mantenlo en tensión durante cuatro segundos. No dejes de respirar. Continúa respirando con normalidad cuando aprietes, inspirando por la nariz y espirando por la boca.

PASO 3

Deja salir la tensión o la energía hacia fuera con fuerza: ¡AH! Luego respira de nuevo con normalidad, inspirando por la nariz y soltando el aire por la boca.

PASO 4

Elige un lugar donde tu madre y tú podáis tumbaros tranquilamente durante unos minutos. Una vez allí echaos de espaldas la una junto a la otra. Cerrad los ojos.

PASO 5

Ahora practicad el escáner corporal desde la cara hasta los pies. Prestad atención a cada una de las partes del cuerpo, simplemente dándoos cuenta de cómo están. Si encontráis un punto en el que sentís tensión o dolor quedaos ahí respirando un poco más antes de seguir con el resto del cuerpo.

Cuando acabéis, id a la página siguiente para responder a unas cuantas preguntas más.

Tiempo de conversar

¿Hay alguna parte de tu cuerpo que esté particularmente tensa o relajada?

Intenta imaginarte a ti misma en un lugar feliz. ¿En qué parte del cuerpo lo sientes más?

Intenta imaginarte ahora en un lugar donde hay enfado, tristeza o miedo. ¿En qué parte/s de tu cuerpo sientes ese enfado, tristeza y miedo?

Tomaos un respiro

Acabaremos esta actividad con un ejercicio de respiración abdominal de cinco minutos para madre e hija. Busca un espacio que te permita relajarte. Puedes abrir los ojos o cerrarlos.

Inspira lenta y profundamente, llenando el vientre —no el pecho— de aire. Luego, suéltalo despacio, encogiendo el vientre con suavidad mientras espiras. Cada vez que inspires, puedes decirte a ti misma: «Relájate». Y cada vez que espires puedes decir: «Relájate más». También puedes imaginar que te sumerges en una bañera caliente que huele estupendamente a aceite aromático de lavanda o de vainilla, y te sientes superrelajada y en calma dentro de ella. Cuando acabéis podéis sonreíros la una a la otra o ¡chocar esos cinco!

Plantemos las semillas del pensamiento positivo

Ya has aprendido en muchos ejercicios que tu mente y tu cuerpo están conectados. Tu cuerpo y tu mente se comunican constantemente e intercambian información, incluso cuando estás durmiendo. A veces eres consciente de estas conexiones, pero otras veces no. No pasa nada, de hecho es normal. De un modo parecido, tus pensamientos y tus sentimientos también están ligados entre sí. Al principio puede sonar raro y resulta difícil de captar, pero una vez empiezas a observarlo, lo consigues.

La mayoría de la gente es consciente de sus sentimientos antes de ser consciente de sus pensamientos: los sentimientos son más ruidosos y evidentes, mientras que los pensamientos a menudo suceden tan rápido que ni nos damos cuenta de que los hemos tenido. Por ejemplo, si alguien se ríe de ti puedes sentirte triste, feliz o avergonzada, dependiendo de cómo interpretes la situación. Si crees que piensan que eres tonta probablemente te sentirás triste. Si crees que se han reído de una broma que has gastado, probablemente te sentirás feliz. Pero si crees que se ríen de tus pantalones nuevos, probablemente te sentirás avergonzada. ¿Te das cuenta de cómo los pensamientos influyen profundamente en los sentimientos? De nuevo, es más difícil darse cuenta de lo que pensamos que reconocer nuestros sentimientos, a menos que practiquemos. Si quieres ser feliz y vivir con conciencia, aprende a prestar atención a tus sentimientos. El secreto es que puedes cambiar cómo te sientes cambiando tu forma de pensar. El pensamiento positivo te hace feliz; los pensamientos negativos te hacen sentir desgraciada. ¡Así de sencillo!

ACERCA DE ESTE EJERCICIO

El objetivo de este ejercicio es entrenar la mente para que preste atención a las cosas positivas que hay a tu alrededor, cosas simples y básicas, aunque buenas. Tu madre y tú podéis utilizar este tiempo para pensar en las cosas que os hacen sonreír, relajaros y sentiros felices. No penséis demasiado. Recordad: no hay una respuesta correcta o incorrecta, solo se trata de lo que os gusta y lo que disfrutáis. En el apartado «Tiempo de conversar», compartid lo que se os ha ocurrido y lo que habéis aprendido hoy sobre la otra. Luego, continuad y disfrutad de cinco minutos plantando las semillas del pensamiento positivo a partir de la práctica conjunta de respiración.

MÁS IDEAS DE MINDFULNESS

Practica este sencillo ejercicio cada día y empezarás a darte cuenta de un mayor número de cosas positivas de tu vida. Puedes empezar a escribir un diario en el que vayas todas esas cosas positivas que registras y añadir otras grandes ideas que se te ocurran.

Hija: Pequeñas y sencillas

La mayoría de la gente se olvida de esas pequeñas cosas de la vida que reconfortan el corazón, nos hacen reír y nos aportan energía positiva. Es casi un hábito que debemos aprender y practicar a lo largo del tiempo hasta que se convierta en algo natural y automático en nosotros. Tómate este tiempo para pensar en algunas cosas pequeñas y sencillas que aprecies y escribe una en cada uno de los pétalos de la flor de abajo. Por ejemplo: la lluvia, una taza de chocolate caliente, caminar descalza sobre la hierba, contemplar las nubes, etc.

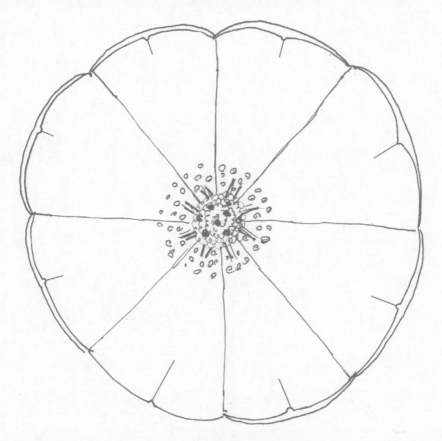

Mamá: Pequeñas y sencillas

La mayoría de la gente se olvida de esas pequeñas cosas de la vida que reconfortan el corazón, nos hacen reír y nos aportan energía positiva. Es casi un hábito que debemos aprender y practicar a lo largo del tiempo hasta que se convierta en algo natural y automático en nosotros. Tómate este tiempo para pensar en algunas cosas pequeñas y sencillas que aprecies y escribe una en cada uno de los pétalos de la flor de abajo. Por ejemplo: la lluvia, una taza de chocolate caliente, caminar descalza sobre la hierba, contemplar las nubes, etc.

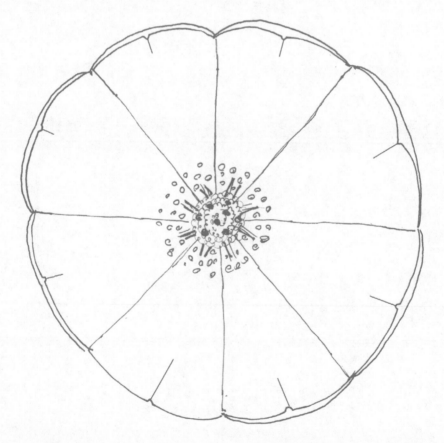

Tiempo de conversar

El ejercicio anterior, ¿te resultó fácil o difícil? Compartid vuestras experiencias.

¿Se os ha ocurrido alguna cosa pequeña y simple que a la otra le guste especialmente?

¿Crees que sería útil para tu familia establecer un tiempo cada tarde o cada semana para hablar sobre las cosas pequeñas o grandes que apreciáis u os hacen sentiros agradecidos?

Tomaos un respiro

Acabaremos esta actividad con un ejercicio de respiración abdominal de cinco minutos para madre e hija. Busca un espacio que te permita relajarte. Puedes abrir los ojos o cerrarlos.

Inspira lenta y profundamente, llenando el vientre —no el pecho— de aire. Luego, suéltalo despacio, encogiendo el vientre con suavidad mientras espiras. Cada vez que inspires, imagínate que das felicidad y amor a toda tu familia, a tus amigos, e incluso a aquellas personas que no te caen muy bien. Asegúrate de que te permites experimentar el gozo de dar. Cuando acabéis, podéis sonreíros la una a la otra o ¡chocar esos cinco!

Vamos a hacer ejercicio

Todo el mundo sabe que hacer ejercicio es beneficioso. No solo te mantiene saludable y en forma, sino que puede ayudarte a mejorar tu humor y a reducir la ansiedad y el estrés. ¿Cuánto ejercicio es recomendable para los niños? Los niños en edad escolar deberían hacer alguna actividad física cada día, como mínimo una hora. Hacer ejercicio les ayuda a aprender más rápido, a dormir mejor, a ganar autoestima y autoconfianza, a desarrollar músculos y huesos más fuertes y saludables, a estar en forma y a calmar el estrés.

En nuestra sociedad actual es difícil decir no a las pantallas. Los chavales se pasan horas y horas frente al televisor; juegan a videojuegos, miran vídeos en Youtube y buscan información en sus tabletas, mientras envían mensajes de texto a sus amigos o escuchan música en sus smartphones. Todas esas actividades no son malas si se hacen de forma moderada y bajo supervisión de un adulto. Los niños en edad escolar no deberían estar sentados o permanecer inactivos durante más de dos horas seguidas, excepto cuando duermen. Es responsabilidad de los padres ser buenos referentes para un estilo de vida activo y saludable.

ACERCA DE ESTE EJERCICIO

El propósito de esta actividad es que tu madre y tú os divirtáis haciendo ejercicio físico. En la página siguiente encontraréis una lista de ejercicios para las dos que podéis hacer dentro o fuera de casa. La lista os ayudará a empezar a pensar en actividades divertidas que os gustaría hacer juntas. Está bien empezar con un ritmo suave, pero después deberíais intentar salir de vuestra zona de confort y poneros algún pequeño reto. En el apartado «Tiempo de conversar» cada una tendrá que escoger una actividad de la lista y marcar en la agenda una fecha para realizarla, de modo que no se convierta solo en un sueño o en un deseo. Luego practicad la respiración abdominal durante cinco minutos. Trabajad intensamente, jugad intensamente, ¡y sudad aún más!

MÁS IDEAS DE MINDFULNESS

Sea cual sea el ejercicio que escojas, tómate unos minutos para concentrarte en cualquier movimiento, pensamiento, sentimiento o sensación que aparezcan mientras lo realizas. Observa cómo tus pensamientos y tus sentimientos vienen y van como olas en el océano.

Hija: Nuestra lista de cosas que hacer

Cosas que me gusta hacer contigo (marca todas las que quieras):

- Jugar a fútbol
- Trepar por una cuerda
- Salir a pasear
- Jugar a pillar
- Nadar
- Patinar
- Jugar a tenis
- Hacer yoga o estiramientos
- Bailar en la cocina
- Jugar al escondite
- Subir y bajar las escaleras corriendo
- Pasear en barco (en canoa, en kayak, en un velero, en una barca de remo, en un patín de agua)
- Jugar a Frisbee
- Montar en bici
- Jugar a bádminton
- Jugar a voleibol
- Ir en patinete
- Hacer un concurso de hula-hoop
- Jugar con la Wii a Gold's Gym
- _____
- _____

Cuando acabes, comparte tu lista con tu madre. Observad los parecidos y las diferencias en las actividades que habéis escogido y luego id al apartado «Tiempo de conversar».

Mamá: Nuestra lista de cosas que hacer

Cosas que me gusta hacer contigo (marca todas las que quieras):

- Jugar a fútbol
- Trepar por una cuerda
- Salir a pasear
- Jugar a pillar
- Nadar
- Patinar
- Jugar a tenis
- Hacer yoga o estiramientos
- Bailar en la cocina
- Jugar al escondite
- Subir y bajar las escaleras corriendo
- Pasear en barco (en canoa, en kayak, en un velero, en una barca de remo, en un patín de agua)
- Jugar a Frisbee
- Montar en bici
- Jugar a bádminton
- Jugar a voleibol
- Ir en patinete
- Hacer un concurso de hula-hoop
- Jugar con la Wii a Gold's Gym
- _____
- _____

Cuando acabes, comparte tu lista con tu hija. Observad los parecidos y las diferencias en las actividades que habéis escogido y luego id al apartado «Tiempo de conversar».

Tiempo de conversar

Escoged una o dos actividades de vuestras listas respectivas para disfrutar juntas esta semana. Aseguraos de adjudicarle una fecha y una hora en vuestra agenda a cada una de ellas.

Actividad 1: Hija   Actividad 2: Mamá

_____   _____

Fecha/Hora   Fecha/Hora

_____   _____

Tomaos un respiro

Acabaremos esta actividad con un ejercicio de respiración abdominal de cinco minutos para madre e hija. Busca un espacio que te permita relajarte. Puedes abrir los ojos o cerrarlos.

Inspira lenta y profundamente, llenando el vientre —no el pecho— de aire. Luego, suéltalo despacio, encogiendo el vientre con suavidad mientras espiras. Cada vez que inspires puedes decirte a ti misma: *Estoy inspirando*, y cada vez que espires puedes decirte: *Estoy espirando*. Cuando acabéis podéis sonreíros la una a la otra o ¡chocar esos cinco!

Vamos a comer

La mayoría de la gente hace tres comidas al día, aunque el desayuno es la comida más importante, tanto para los adultos como para los niños. Nos ayuda a recargar el cerebro y el cuerpo y a empezar el día frescos y llenos de energía. Saltarse el desayuno es como no echarle gasolina al coche: al final el depósito se vaciará y el coche dejará de funcionar.

La mayoría de las madres piensa mucho en cómo alimentar a sus hijos. Es una gran responsabilidad asegurarse de que los jóvenes siguen una dieta equilibrada que incluya los diversos grupos alimentarios para que así los niños estén listos para aprender y jugar y sus sistemas inmunes se mantengan fuertes. ¿Conoces el dicho «Eres lo que comes»? Tan solo significa que lo que comes tiene un gran impacto en tu cuerpo, en tu mente y en tu bienestar general. Nuestros hábitos alimentarios nos acompañan normalmente hasta la época adulta, de manera que es bueno ser consciente de ellos más bien pronto y cambiarlos si es necesario. ¿Sabías que algunos alimentos te ponen de buen humor y te dan muchísima energía, mientras que otros te dan sueño y te hacen sentir cansada? Si todo esto no te resulta familiar no pasa nada, ¡porque vas a aprenderlo ahora mismo!

Resulta fácil olvidarse de beber agua e hidratarse cuando estás ocupada jugando o haciendo alguna tarea. El agua es importante para ayudar a tu cuerpo a digerir y absorber los nutrientes. Así que acuérdate de beber un poco más de agua después de jugar o de realizar cualquier actividad física.

Un consejo final: cuidado con los antojos que te entran cuando ves anuncios en la televisión, porque la misión de estos anuncios no es ayudarte a estar más fuerte y saludable, sino hacerte comprar los productos que publicitan. Para comer de forma inteligente lo único que necesitas es tener una sana curiosidad por la comida.

ACERCA DE ESTE EJERCICIO

Tu madre y tú aprenderéis cosas divertidas sobre los alimentos que coméis a diario o los que veis en las estanterías del supermercado. Al final de la actividad sabréis más sobre los grupos de alimentos que mejoran vuestro humor, vuestra memoria, energía e incluso vuestro sistema inmune. Antes de empezar, asegúrate de que tienes un lápiz o rotulador de color rojo, amarillo y verde: habrá un ejercicio de colorear divertido. En el apartado «Tiempo de conversar» podrás hablar más acerca de las preferencias alimentarias de tu familia y quizá elegir otras más sanas utilizando lo que has aprendido en el capítulo. La práctica de respiración abdominal que hay al final de la actividad te ayudará a completar tu transición hacia el resto de actividades de tu día a día.

MÁS IDEAS DE MINDFULNESS

Practica el arte de comer en silencio. Apaga todas las distracciones: televisión, teléfono, radio, etc. Concentra completamente tu atención en todas y cada una de las sensaciones que experimentas mientras comes.

Hija: Alimentos vigorizantes

Algunos alimentos contienen numerosas vitaminas, minerales y otras propiedades que pueden tener efectos específicos en tu cuerpo cuando los comes. Por ejemplo, muchas frutas y vegetales contienen antioxidantes, que te ayudarán a protegerte de resfriados y mantendrán saludable tu sistema inmune. El chocolate contiene sustancias químicas que pueden mejorar tu humor. Demasiado azúcar puede hacerte sentir hecha polvo e irritable. La lista que encontrarás más abajo te ofrece sugerencias para que le des a tu cuerpo los alimentos que necesita para sentirte más feliz, con más energía, más fuerte y más sana. Observa cada dibujo y colorea con el lápiz verde los alimentos que te gustan; con el amarillo pinta aquellos que te gustaría probar, y pinta de rojo los alimentos que no te gustan mucho.

ALIMENTOS QUE MEJORAN TU HUMOR

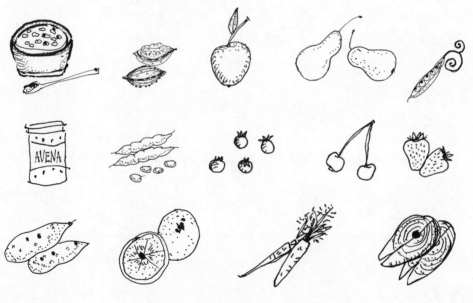

ALIMENTOS QUE ESTIMULAN TU CEREBRO Y TU BUENA MEMORIA

ALIMENTOS PARA MANTENER LA ENERGÍA

ALIMENTOS PARA FORTALECER TU SISTEMA INMUNE

Mamá: Alimentos estimulantes

Observa cada dibujo y colorea con el lápiz verde los alimentos que te gustan; con el amarillo pinta aquellos que te gustaría probar, y pinta de rojo los alimentos que no te gustan mucho.

ALIMENTOS QUE MEJORAN TU HUMOR

ALIMENTOS QUE ESTIMULAN TU CEREBRO Y TU BUENA MEMORIA

ALIMENTOS PARA MANTENER LA ENERGÍA

ALIMENTOS PARA FORTALECER TU SISTEMA INMUNE

Tiempo de conversar

¿Qué has aprendido hoy acerca de los alimentos?

¿Qué alimentos pintaste de amarillo? ¿Cuáles de rojo?

Después de haber aprendido más sobre las distintas categorías de alimentos estimulantes, ¿hay alguna de ellas de la que te gustaría probar más alimentos que de otra?

¿Hay algún alimento o alimentos de tu dieta que te gustaría reducir?

Tomaos un respiro

Acabaremos esta actividad con un ejercicio de respiración abdominal de cinco minutos para madre e hija. Busca un espacio que te permita relajarte. Puedes abrir los ojos o cerrarlos.

Inspira lenta y profundamente, llenando el vientre —no el pecho— de aire. Luego, suéltalo despacio, encogiendo el vientre con suavidad mientras espiras. Cada vez que inspires puedes decirte a ti misma: *Estoy inspirando*, y cada vez que espires puedes decirte: *Estoy espirando*. Cuando acabéis podéis sonreíros la una a la otra o ¡chocar esos cinco!

Hablemos de cómo tener una imagen positiva de nosotras mismas

Ser preadolescente no es fácil, ni siquiera un poquitín sencillo. De repente, las opiniones de los demás se vuelven muy importantes, a veces incluso más importantes que nuestras propias percepciones o creencias acerca de nosotras mismas. Algunas chicas se sienten muy cohibidas y tienen miedo de actuar, de parecer o de ser diferentes a sus amigas, especialmente de las chicas populares de la escuela. Si te has estado sintiendo así últimamente, ¡felicidades! ¡Ya eres preadolescente!

Aunque lo que te sucede ahora mismo pueda parecerte muy difícil, recuerda: ¡no estás sola! La mayoría de las chicas se sienten igual que tú, aunque no se les note. Y mientras tanto, muchas madres se sienten impotentes, tristes, frustradas y asustadas porque sus hijas ya no quieren escuchar sus consejos ni sus opiniones.

La vida se vuelve más complicada a medida que te haces mayor. Surgen muchísimas presiones: las otras chicas de la escuela o del vecindario, las fotos de modelos que ves en las revistas, la ropa, tus marcas favoritas, Internet, tus programas y anuncios favoritos de la tele… La lista puede ser larga. Todavía eres una niña, aunque a veces parezca que todo lo que hay a tu alrededor te empuja a hacerte mayor.

Muchas preadolescentes se sienten confundidas con facilidad acerca de lo que la sociedad espera de ellas. Por ejemplo, el valor de la belleza se magnifica como si fuera lo único que puede hacer que una persona sea feliz, popular o exitosa. Los mensajes que recibimos acerca de la belleza se expresan de una forma muy limitada e incompleta, ¿no te parece?

Y como esos mensajes parecen tan poderosos, cosas como el maquillaje, el pelo, las uñas, la moda, la dieta, el ejercicio físico o las relaciones se convierten en el centro de todas las conversaciones.. Todos ellos son temas corrientes, pero no hay que olvidar que se trata de factores e intereses externos que forman parte de tu vida *exterior*, y que seguramente cambiarán o te aburrirán a medida que te hagas mayor. Por lo tanto, tu objetivo número uno debería ser centrarte en las calidades *interiores* que te hacen bella, única, especial y apreciada por los demás. Por ejemplo: ser amable con los demás suena aburrido, pero el hecho es que es una de las cosas que más apreciará la gente de ti a lo largo de la vida.

ACERCA DE ESTE EJERCICIO

Este ejercicio está diseñado para ayudaros a tu madre y a ti a reflexionar sobre las cualidades de la belleza, tanto las interiores como las exteriores. Es importante que sepas que el mundo es más interesante gracias a que todos somos diferentes. En la primera parte del ejercicio tendrás la oportunidad de pensar en las características físicas y las cualidades interiores que te hacen especial, única y bella tal como eres. Luego, en el apartado «Tiempo de conversar», tu madre y tú haréis un comecocos utilizando una lista de cualidades interiores y exteriores en las que quizá querréis trabajar juntas. (Si no sabes lo que es un comecocos, ¡mantente atenta!)

MÁS IDEAS DE MINDFULNESS

Cuando te sientas atrapada por tus preocupaciones o tu miedo, especialmente si es por culpa de la presión del exterior, y sientas que te angustias por lo que otras personas puedan pensar sobre ti, recuérdate a ti misma que debes permanecer atenta a tus pensamientos y sentimientos negativos o poco sanos. Cuando te pase esto, hazte la siguiente pregunta: «¿Estoy siendo fiel a mí misma o simplemente quiero ser como los demás?»

Hija: Bella por dentro y por fuera

Tómate tres minutos para hacer una lista con las características físicas que la gente usa a menudo para describir a los demás.

Tómate tres minutos más para describir algunas de tus características exteriores y también algunas de las interiores por las que la gente te haya elogiado o bien criticado. Asegúrate de que escribes algo que te gusta y algo que no te gusta.

Tómate algunos minutos más para pensar en dos de tus cualidades internas que más te gustan y piensa también en las cosas de ti misma que te gustaría mejorar.

Mamá: Bella por dentro y por fuera

Tómate tres minutos para hacer una lista con las características físicas que la gente usa a menudo para describir a los demás.

Tómate tres minutos más para describir algunas de tus características exteriores y también algunas de las interiores por las que la gente te haya elogiado o bien criticado. Asegúrate de que escribes algo que te gusta y algo que no te gusta.

Tómate algunos minutos más para pensar en dos de tus cualidades internas que más te gustan y piensa también en las cosas de ti misma que te gustaría mejorar.

Tiempo de conversar

Este juego de la fortuna de origami es una manera divertida de ayudarte a reconocer tus cualidades positivas y a concentrarte en ellas. En el juego fabricaréis un comecocos de papel cuyas caras están numeradas y esconden mensajes debajo. Los mensajes escondidos serán, en este caso, las cualidades internas o los nuevos hábitos que queréis adquirir o practicar. Sea cual sea el hábito o la cualidad escogida, necesitarás practicarlo durante un día, una semana, o durante el tiempo que tu madre y tú decidáis.

La página siguiente te mostrará cómo hacer el comecocos. Una vez que lo hayáis hecho, las dos deberéis conversar sobre las cualidades internas y externas que queréis poner en la lista y que os hacen ser como sois: únicas, especiales y bellas. Podéis poner en la lista cualidades o nuevos hábitos en los que queréis trabajar, por ejemplo: «Quiero arreglarme el pelo cada día antes de ir a la escuela» o «Voy a intentar dejar de morderme las uñas» o «Voy a practicar para ser más paciente». Recuerda, lo más importante es lo que piensas tú. Haz la lista de esas cualidades en el espacio de abajo:

1 _____

2 _____

3 _____

4 _____

5 _____

6 _____

7 _____

8 _____

A continuación, pon un número en cada una de las solapas interiores del origami, y escribe una cualidad o nuevo hábito debajo de cada solapa. Luego, ¡decóralo! Haced turnos utilizando el comecocos de la suerte y disfrutad siendo bellas por dentro y por fuera.

Para hacer un comecocos utiliza una hoja de papel y córtala o dóblala en forma de cuadrado. A continuación sigue los pasos del diagrama de abajo.

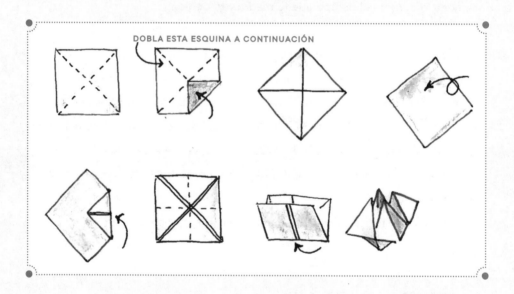

DOBLA ESTA ESQUINA A CONTINUACIÓN

Tomaos un respiro

Acabaremos esta actividad con un ejercicio de respiración abdominal de cinco minutos para madre e hija. Busca un espacio que te permita relajarte. Puedes abrir los ojos o cerrarlos.

Inspira profunda y lentamente, con comodidad, por la nariz y suelta el aire lentamente por la boca, como si estuvieras haciendo grandes pompas de jabón soplando desde tu vientre. Cada vez que inspires di: *Bella por dentro* y cuando sueltes el aire repite: *Bella por fuera*. Cuando acabéis podéis sonreíros la una a la otra o ¡chocar esos cinco!

Vamos a repartir bondad

La bondad y la felicidad están fuertemente conectadas. Cuando eres amable, tu cuerpo libera unas sustancias químicas felices llamadas endorfinas. La gente bondadosa suele ser más feliz, se siente mejor consigo misma y tiene más amigos verdaderos, porque han aprendido el secreto de ponerse en la piel del otro.

Puedes expresar bondad de muchas maneras. Puedes ayudar a los demás prestándoles tus cosas o regalando las que no necesitas. Puedes dedicar palabras amables a alguien o sonreír. Puedes mostrar respeto al sujetar la puerta u ofrecer tu asiento a una persona mayor, discapacitada o embarazada. Puedes recoger flores de tu jardín y regalárselas a un amigo. Puedes decir «gracias» o «por favor» cuando agradeces algo que alguien ha hecho por ti. Puedes defender a un amigo cuando alguien dice una mentira o algo malo acerca de él o de ella. Puedes mostrar tu preocupación al preguntar a alguien que está triste si necesita ayuda. Puedes ofrecerle un pañuelo de papel a alguien que está llorando. Todos esos pequeños gestos pueden iluminar el mundo que te rodea y hacerte sentir maravillosamente bien por dentro y por fuera.

Desarrollar una actitud bondadosa es una cualidad importante en la vida, y nunca es tarde para aprenderla. ¡Vamos a empezar!

ACERCA DE ESTE EJERCICIO

Esta actividad está diseñada para que experimentes lo bien que sienta hacer algo amable por los demás. Crearás tus propios «folletos amables» y los repartirás entre tu familia, tus amigos o entre aquellos adultos a quien admires o respetes. Puedes comenzar pensando en distintas cosas que te gustaría ofrecer a los demás y que pintarán una sonrisa en su cara. No tiene que ser nada demasiado complicado ni nada que no vaya contigo, tan solo debe ser algo que le muestre a una persona que la aprecias. Por ejemplo, podrías darle a alguien un abrazo o decir con pocas palabras lo que significa para ti esa persona. Y ahora, da rienda suelta a tu creatividad y disfruta de los momentos felices que estás a punto de vivir. Acabaréis vuestro último ejercicio juntas con una práctica de respiración de cinco minutos de duración. Aseguraos de parar para asimilar el gozo de dar a los demás.

MÁS IDEAS DE MINDFULNESS

Observa tus pensamientos, tus sentimientos y tus sensaciones corporales antes y después de ofrecer bondad de forma aleatoria. Los sentimientos y recuerdos positivos tienden a ser más duraderos cuando realizas un acto amable con toda tu alma y sin esperar nada a cambio.

Hija: Folleto amable

Muchas veces la gente imprime folletos y los cuelga en lugares públicos para anunciar algún evento, o también cuando quieren vender algo o se ha perdido una mascota. Ahora tú puedes crear tu propio «folleto amable», que puedes colgar en casa, dar a un amigo, a un compañero de la escuela o a alguien que conozcas. Piensa en cosas que puedes ofrecer y que harán sonreír a quien las reciba. Es muy chulo ofrecer actos amables aleatorios cuando la gente menos se lo espera, y es una forma genial de hacerles saber cuánto les aprecias. Escanea, imprime o fotocopia el folleto amable, rellena los espacios en blanco, recórtalos por la línea de puntos hasta llegar casi hasta arriba de la hoja, arranca los trozos precortados y ofréceselos a los miembros de tu familia, amigos, vecinos o a quien tú consideres. Presta atención a las reacciones de la gente y también a tus sentimientos.

ABRAZO GRATIS (FAMILIA)

¡¡GRACIAS POR TODO LO QUE HACES!! (CUALQUIER PERSONA)

TE QUIERO (FAMILIA)

MASAJE GRATIS (FAMILIA)

UN TROZO DE CHOCOLATE DE REGALO (CUALQUIERA)

Mamá: Folleto amable

Muchas veces la gente imprime folletos y los cuelga en lugares públicos para anunciar algún evento o también cuando quieren vender algo o se ha perdido una mascota. Ahora tú puedes crear tu propio «folleto amable», que puedes colgar en casa, dar a un amigo, a un compañero de trabajo o a alguien que conozcas. Piensa en cosas que puedes ofrecer y que harán sonreír a quien las reciba. Es muy chulo ofrecer actos amables aleatorios cuando la gente menos se lo espera, y es una forma genial de hacerles saber cuánto les aprecias. Escanea, imprime o fotocopia el póster amable, rellena los espacios en blanco, recórtalos por la línea de puntos hasta llegar casi hasta arriba de la hoja, arranca los trozos precortados y ofréceselos a los miembros de tu familia, amigos, vecinos o a quien tú consideres. Presta atención a las reacciones de la gente y también a tus sentimientos.

ABRAZO GRATIS (FAMILIA)

¡¡GRACIAS POR TODO LO QUE HACES!! (CUALQUIER PERSONA)

TE QUIERO (FAMILIA)

MASAJE GRATIS (FAMILIA)

UN TROZO DE CHOCOLATE DE REGALO (CUALQUIERA)

Tiempo de conversar

Compartid las ideas creativas que se os han ocurrido.

Escoged uno de los trozos precortados de vuestro folleto y ofrecédselo a la otra. ¿Qué se siente al dar al otro? ¿Y al recibir?

Tomaos un respiro

Acabaremos esta última actividad con un ejercicio de respiración abdominal de cinco minutos para madre e hija. Busca un espacio que te permita relajarte. Puedes abrir los ojos o cerrarlos.

Inspira lenta y profundamente, llenando el vientre —no el pecho— de aire. Luego, suéltalo despacio, encogiendo el vientre con suavidad mientras espiras. Permítete a ti misma experimentar el gozo de dar. Cada vez que inspires, imagínate que absorbes todo el agradecimiento y la felicidad que has recibido de los demás. Mientras espiras, envía bondad a toda tu familia, amigos e incluso a aquellas personas que no te gustan demasiado. Cuando acabéis podéis sonreíros la una a la otra o ¡chocar esos cinco!

Epílogo

¡Viva! Acabáis de completar el libro de actividades. Tu madre y tú habéis hecho un trabajo increíble aprendiendo y poniendo en práctica las cualidades esenciales de la vida. Si decidís seguir practicando estas cualidades descubriréis que sonreís más, tenéis más confianza en vosotras mismas, os sentís más conectadas con otras personas en casa o en la escuela o el trabajo, sabéis cómo manejar sentimientos abrumadores o momentos estresantes y os volvéis mucho más conscientes de vuestros pensamientos, de vuestros sentimientos y de vuestras decisiones.

Más herramientas

La señal «Tiempo de conversar»

Puedes crear tu propia señal de «Tiempo de conversar» para usarla cuando necesites compartir algo importante o hablar de una situación concreta, o siempre que madre o hija necesitéis de algún tiempo extra a solas con la otra. La regla es que cuando cualquiera de vosotras haga esta señal, las dos busquéis un lugar tranquilo para sentaros juntas, escuchar cuidadosamente e intentar ayudar como podáis.

La señal de «Pausa»

De vez en cuando, todos, adultos y niños, necesitamos estar tranquilos y pasar tiempo a solas. El tiempo a solas es algo precioso para estar contigo misma en un espacio seguro, pensar en tus cosas, descansar o relajarte. Cread una señal de «Pausa» que podáis usar para hacer saber a los demás que necesitáis recuperaros o hacer un descanso.

La «Cesta del espacio tranquilo»

La Cesta del Espacio Tranquilo os ayudará a averiguar qué os calma u os da paz en los momentos difíciles. Para hacerla, tendrás que descubrir qué objetos te sirven para ese propósito (calmarte y estar en paz). Mira por casa para ver si encuentras alguno de esos objetos o pide ayuda a tu madre para conseguirlos. Una vez los tengas, ponlos en una cesta (un cajón o una bolsa también valen) y coloca la cesta en un lugar al que tengas fácil acceso. Saca la cesta cada vez que necesites tomarte un respiro, o cuando estés enfadada o cansada o necesites relajarte o estar a solas. Cada vez que te sientes, escoge siete objetos de la cesta y busca un lugar tranquilo para disfrutar con ellos.

Agradecimientos

Gran parte de la inspiración a la hora de escribir este libro proviene de la relación especial que tengo con mi madre y de lo que ella me ha enseñado a lo largo de mi vida. Quizá lo más importante de todo fue lo crucial que es prestar atención a la mente y vivir el momento presente. Le debo muchísimo.

También me gustaría dar las gracias a todos mis clientes, pasados y presentes, de cuyo camino me siento honrada de formar parte. Vosotros sois mis mejores maestros. Muchas gracias a mis supervisores y a mis colegas: la doctora Anne Gehrenbeck-Shim, la doctora Ayanna Quinones, Rhonda Kaplan, el doctor en Psicología David Gleason, y el doctor Jom Choomchuay. Gracias por sus conocimientos, por su bondad, su paciencia y su ánimo.

También quiero dar las gracias al equipo editorial de Shambala, especialmente a Beth Frankl, Julia Gaviria y Victoria Jones, por su aguda visión y sus constantes increíbles sugerencias. Y un enorme «Gracias» para Lora Zorian por las maravillosas ilustraciones que han creado el marco perfecto para las distintas actividades.

Referencias

Badeoch, B., *Being a Brain-Wise Therapist,* W.W. Norton & Company, Nueva York, 2008.

Chödrön, P., *La sabiduría de la no evasión*, Oniro, Barcelona, 2012.

Criswell, P. y Martini, A., *A Smart Girl's Guide: Friendship Troubles*, American Girl, Middleton, 2013.

Cross, A., *Food Boosters for Kids*, Hamlyn, Londres, 2002.

Gruys, K., *Mirror, Mirror Off the Wall: How I Learned to Love My Body by Not Looking at It for a Year*, Avery, Nueva York, 2014.

Harris, R., *La trampa de la felicidad*, Planeta, Barcelona, 2010.

Harris, R. y Hayes, S., *ACT Made Simple: An Easy-to-Read Primer on Acceptance and Commitment Therapy,* New Harbinger Publications, Oakland, 2009.

Lawrence, S. y S. Robin (2009). *The Relaxation and Stress Reduction Workbook for Kids: Help for Children to Cope with Stress, Anxiety, and Transitions*, Instant Help Books, Oakland, CA.

Linehan, M. (1993). *Skill Training Manual for Treating Borderline Personality Disorder*, Guilford Press, New York

«PBS Parents Online»: *Raising a Girl with a Positive Image and Identity,* www.pbs.org/parents/parenting/raising-girls/body-image-identity/raising-a-girl-with-a-positive-body-image/

Snel, E., *Tranquilos y atentos como una rana*, Kairós, Barcelona, 2015.

Sobre la autora

Nuanprang Snitbhan es madre y psicóloga clínica especializada en niños, adolescentes y familias. Durante más de una década ha trabajado con niños de entornos muy diferentes en distintos contextos clínicos y escolares. La herramienta más poderosa que ofrece a padres e hijos son las habilidades de autocuidado y comunicación abierta en un entorno seguro, lo que les da confianza para crecer juntos. Actualmente vive en Boulder, donde también ejerce su profesión.